JLPT 일본어능력시험

적중

모의고사

5회분

저자 JLPT 연구모임

N2

시사일본어사

머리말

　일본어능력시험은 일상적인 장면에서 사용되는 일본어의 이해도를 측정하며, 레벨 인정의 목표는 '읽기', '듣기'와 같은 언어 행동의 표현입니다. 언어 행동을 표현하기 위해서는 문자·어휘·문법 등의 언어 지식도 필요합니다. 이에 따른 시험의 인정 기준이 공개되어 있지만 매년 시험이 거듭될수록 새로운 어휘나 소재를 다루고 있는 문제가 출제되고 있어, 그에 맞는 새로운 훈련이 필요합니다.

　본 교재는 일본어능력시험이 개정된 2010년부터 최근까지 출제된 기출 문제를 철저히 분석하고 문제 유형과 난이도를 연구하여 실제 시험에 대비할 수 있는 문제를 수록하고 있습니다. 또한, 각 회차를 거듭할수록 난이도가 조금씩 올라가도록 구성되어 있어 단순 합격만이 아닌 고득점 취득을 위한 학습도 가능합니다.

　본 교재를 통해 다량의 문제를 학습하다 보면, 어렵게만 느껴졌던 일본어능력시험에 자신감이 생겨나고, 그 자신감은 합격으로 이어지리라 생각합니다.

　일본어능력시험을 준비하는 모든 분들이 합격하시기를 진심으로 기원합니다.

JLPT 연구모임

목차

이 책의 구성

● 청해 영역 음성은
QR 코드로 간편하게 확인!

총 5회 실전 모의고사

총 5회분의 실전 모의고사를 통해 실전 훈련을
합니다. 회차를 거듭할수록 높은 난이도의 문제
를 수록하고 있어 실력 향상에 도움이 됩니다.

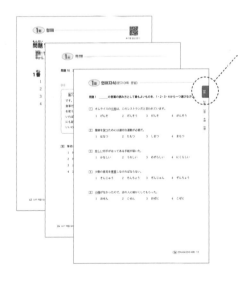

● 인덱스로 간단하게 회차를
확인할 수 있어요!

실전과 동일 형식의 시험 문제

- 실제 시험과 동일한 형식의 문제로 철저히 실전
에 대비합니다.

- 청해 파트 음원은 QR코드 스캔
을 이용하거나 시사일본어사
홈페이지에서 다운로드하실 수
있습니다.
www.sisabooks.com/jpn

청해 음성 듣기

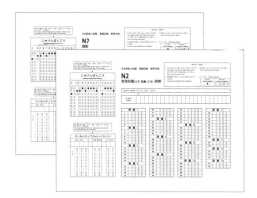

시간 배분 연습을 위한 OMR 카드

시험에서는 문제 풀이뿐만 아니라 답안지 마킹을 위한 시간 배분도 중요합니다. 실제 시험과 유사한 답안지로 시험 시간 관리 연습까지 한번에!

부록

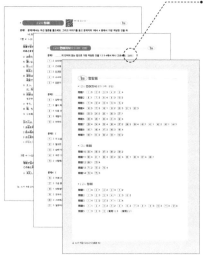

• 해당 문제의 페이지가 있어 문제와 함께 확인 가능해요!

본문 해석을 보며 집중 학습

- 정답과 문제 해석 확인을 통해 부족한 부분을 집중 학습합니다.
- 청해 파트는 음원을 들으며 스크립트를 확인할 수 있어 내용 이해도를 높여 줍니다.

기출 어휘 PDF

- 2010년부터 최근까지의 기출 어휘 리스트로 필수 단어를 한번에 체크할 수 있습니다. PDF 파일은 QR코드 스캔을 이용하거나 시사일본어사 홈페이지에서 다운로드하실 수 있습니다.

기출 어휘 보기

일본어능력시험 개요

1 시험 과목 및 시험 시간

레벨	시험 과목(시험 시간)		
N1	언어지식(문자 어휘·문법) · 독해 [110 분]		청해 [60 분]
N2	언어지식(문자 어휘·문법) · 독해 [105 분]		청해 [55 분]
N3	언어지식(문자 어휘) [30 분]	언어지식(문법) · 독해 [70 분]	청해 [45 분]
N4	언어지식(문자 어휘) [25 분]	언어지식(문법) · 독해 [55 분]	청해 [40 분]
N5	언어지식(문자 어휘) [20 분]	언어지식(문법) · 독해 [40 분]	청해 [35 분]

2 시험 점수

레벨	시험 과목	득점 범위
N1	언어지식(문자 어휘 · 문법)	0~60
	독해	0~60
	청해	0~60
	종합 배점	**0~180**
N2	언어지식(문자 어휘 · 문법)	0~60
	독해	0~60
	청해	0~60
	종합 배점	**0~180**
N3	언어지시(문자 어휘 · 무법)	0~60
	독해	0~60
	청해	0~60
	종합 배점	**0~180**
N4	언어지식(문자 어휘·문법) · 독해	0~120
	청해	0~60
	종합 배점	**0~180**
N5	언어지식(문자 어휘·문법) · 독해	0~120
	청해	0~60
	종합 배점	**0~180**

3 합격점과 합격 기준점

레벨별 합격점은 N1 100점, N2 90점, N3 95점, N4 90점, N5 80점이며, 과목별 합격 기준점은 각 19점(N4, N5는 언어지식·독해 합해서 38점, 청해 19점)입니다.

4 N2 문제 유형

시험과목		문제 구분	예상 문항 수	문제 내용	적정 예상 풀이 시간	파트별 소요 예상 시간	대책
언어 지식 · 독해 [105분]	문자 어휘	문제1	5	한자 읽기 문제	1분	문자·어휘 14분	총 105분 중에서 문제 푸는 시간은 87분 정도 걸린다고 보고, 마킹에 8분 정도, 나머지 10분 동안 최종 점검하면 된다. 문자 어휘 문제를 빨리 끝내고, 비교적 시간이 걸리는 문법 문제에 시간을 할당하여 당황하지 말고 문제를 풀도록 하자. 독해 문제도 마찬가지이다. 시간에 쫓기지 말고 침착하게 문제를 풀어 나간다면 좋은 결과를 얻을 수 있을 것이다.
		문제2	5	한자 쓰기 문제	1분		
		문제3	5	파생어와 복합어를 묻는 문제	2분		
		문제4	7	문맥에 맞는 적절한 어휘를 고르는 문제	3분		
		문제5	5	주어진 어휘와 비슷한 의미의 어휘를 찾는 문제	2분		
		문제6	5	제시된 어휘의 의미가 올바르게 쓰였는지를 묻는 문제	5분		
	문법	문제7	12	문장의 내용에 맞는 문형표현 즉, 기능어를 찾아서 넣는 문제	6분	문법 18분	
		문제8	5	나열된 단어를 문맥에 맞게 나열하는 문제	6분		
		문제9	5	글의 흐름에 맞는 문법 찾아내기 문제	6분		
	독해	문제10	5	단문(200자 정도) 이해	10분	독해 55분	
		문제11	9	중문(500자 정도) 이해	15분		
		문제12	2	같은 주제의 두 가지 이상의 글을 읽고 비교 통합 이해	10분		
		문제13	3	장문(900자 정도의 논평 등) 이해	10분		
		문제14	2	700자 정도의 글을 읽고 필요한 정보 찾기	10분		
청해 [55분]		문제1	5	과제 해결에 필요한 정보를 듣고 나서 무엇을 해야 하는지 찾아내기	약 7분 30초 (한 문항당 약 1분 30초)		청해는 총 55분 중에서 문제 푸는 시간은 대략 40분 정도가 될 것으로 예상한다. 나머지 시간은 문제 설명과 연습 문제 풀이 시간이 될 것으로 예상한다. 문제4는 문제 풀이 시간이 길지 않으므로 망설임 없이 마킹하고 넘어가는 것이 중요하다. 문제5는 긴 문장을 듣고 난 다음 그 내용을 비교하며 문제를 풀어야 하므로 난이도가 비교적 높은 편이다. 평소에 뉴스 등을 들으면서 전체 내용을 파악하는 훈련을 해 둔다면 그다지 어렵지 않게 풀어 나갈 수 있을 것이다.
		문제2	6	대화나 혼자 말하는 내용을 듣고 포인트 파악하기	약 11분 30초 (한 문항당 약 1분 55초)		
		문제3	5	내용 전체를 듣고 화자의 의도나 주장 이해하기	약 7분 30초 (한 문항당 약 1분 30초)		
		문제4	12	짧은 문장을 듣고 그에 맞는 적절한 응답 찾기	약 6분 (한 문항당 약 30초)		
		문제5	4	다소 긴 내용을 듣고 복수의 정보를 비교 통합하면서 내용 이해하기	약 6분 40초 (한 문항당 약 1분 40초)		

· 문항 수는 매회 시험에서 출제되는 대략적인 기준으로 실제 문항 수와는 차이가 있을 수 있습니다.

◀) 1회 청해 듣기

적중 **모의고사**

1회

JLPT
N2

問題1 _____の言葉の読み方として最もよいものを、1・2・3・4から一つ選びなさい。

1 オムライスの<u>元祖</u>は、このレストランだと言われています。

    1　げんそ　　　　　2　げんそう　　　　3　がんそ　　　　　4　がんそう

2 健康を<u>保つ</u>ためには適切な運動が必要だ。

    1　はなつ　　　　　2　たもつ　　　　　3　しまつ　　　　　4　まもつ

3 <u>珍しい</u>切手がはってある手紙が届いた。

    1　かなしい　　　　2　うれしい　　　　3　めずらしい　　　4　にくらしい

4 少数の意見を<u>尊重</u>しなければならない。

    1　そんじゅう　　　2　そんちょう　　　3　ぞんじゅん　　　4　ぞんちょう

5 <u>小銭</u>がなかったので、店の人に細かくしてもらった。

    1　おせん　　　　　2　こせん　　　　　3　おぜに　　　　　4　こぜに

問題2 _____の言葉を漢字で書くとき、最もよいものを1・2・3・4から一つ選びな
さい。

6 入学式は9時からこうどうで行います。

1 講堂 　　　　2 講党 　　　　3 購堂 　　　　4 購党

7 落ち込んでいる息子をなぐさめるため、遊園地に連れていった。

1 和める 　　　2 確める 　　　3 慰める 　　　4 恵める

8 次の選挙を準備するために新しいせいとうを結成する計画だ。

1 正堂 　　　　2 正党 　　　　3 政堂 　　　　4 政党

9 開発が進み、ねったい雨林が減っている。

1 熟帯 　　　　2 熟滞 　　　　3 熱帯 　　　　4 熱滞

10 どんなにつらい時でも妻はいつもほがらかだ。

1 郎らか 　　　2 朗らか 　　　3 腹らか 　　　4 廊らか

問題3　(　　　　)に入れるのに最もよいものを、1・2・3・4から一つ選びなさい。

11 この小説は、作家の死によって(　　　　)完成のままだ。

　　1　不　　　　　　2　否　　　　　　3　未　　　　　　4　末

12 欲しい物を買うためには働く以外の選択(　　　)はない。

　　1　紙　　　　　　2　肢　　　　　　3　路　　　　　　4　群

13 上半期の(　　　　)景気がうそのように、下半期は景気が悪くなった。

　　1　総　　　　　　2　利　　　　　　3　好　　　　　　4　良

14 さすが(　　　　)アナウンサーだけに、安定感のあるボイスですね。

　　1　前　　　　　　2　本　　　　　　3　元　　　　　　4　先

15 試験で(　　　　)得点を出す人の共通点は次のようだ。

　　1　上　　　　　　2　高　　　　　　3　大　　　　　　4　盛

問題4 (　　　　)に入れるのに最もよいものを、1・2・3・4から一つ選びなさい。

16 昨日買ったワンピースが(　　　　)だから、交換しに行く。

    1　ゆったり　　　　2　ゆっくり　　　　3　だぶだぶ　　　　4　だらだら

17 たまに一人旅に出ると、心から(　　　　)できる。

    1　コントロール　　2　フレッシュ　　3　リラックス　　4　リサイクル

18 大学生にもなって、そんなに(　　　　)服装で歩くのはやめなさい。

    1　だらしない　　2　あつかましい　　3　ばかばかしい　　4　くだらない

19 皆の意見を聞いてから、実行するかどうかを(　　　　)する予定です。

    1　指定　　　　2　判断　　　　3　論理　　　　4　思考

20 スマートフォンが(　　　　)して、画面が映らなくなってしまった。

    1　障害　　　　2　妨害　　　　3　故障　　　　4　事故

21 日本語能力試験は年に2回しか(　　　　)されないんだから、きちんと勉強しなさい。

    1　決行　　　　2　断行　　　　3　実施　　　　4　実行

22 今回の休みでハワイに行ってきたので、顔が(　　　　)しまったんです。

    1　焦って　　　　2　焦げて　　　　3　焼けて　　　　4　燃えて

問題5 ＿＿＿＿の言葉に意味が最も近いものを、1・2・3・4から一つ選びなさい。

[23] 一応、院長に電話で話しておきました。

　　1　真っ直ぐ　　　　2　直に　　　　　　3　とりあえず　　4　先ほど

[24] 司法試験の合格、それがこの授業のねらいだ。

　　1　企画　　　　　　2　目標　　　　　　3　基準　　　　　4　標準

[25] あんなこと言うなんて、非常識もはなはだしい。

　　1　ひどい　　　　　2　とぼしい　　　　3　かなしい　　　4　まずしい

[26] これは、父が生前、コレクションしていたものです。

　　1　かくして　　　　2　ためて　　　　　3　あつめて　　　4　そろえて

[27] テレビで紹介されていたレストランに行ったけど、店員が不親切で失望した。

　　1　がっかりした　　2　落ち込んだ　　3　怒鳴った　　　4　寂しくなった

問題6　次の言葉の使い方として最もよいものを、1・2・3・4から一つ選びなさい。

[28]　緊張

　　1　報道に誤りがあって緊張にわびた。

　　2　国際情勢は緊張とした空気がただよっている。

　　3　対立は新しい緊張を生むのでかえっていい。

　　4　社長はとても厳しく、すぐ緊張になってしまう。

[29]　いったん

　　1　水はいったんここにためておきます。

　　2　これはいったん普通のボールペンに見えます。

　　3　別の条件でもういったん検討してみます。

　　4　私はこの事件にいったん関係ありません。

[30]　温厚

　　1　困っている時、助けてくれて温厚な心になった。

　　2　そのレストランは温厚な雰囲気があって人気がある。

　　3　大雨の後、温厚な天気にめぐまれ、運動会を決行した。

　　4　彼は温厚な人柄と明るい性格からみんなに好かれている。

[31]　なまける

　　1　最近、機械の調子がなまけているので、修理を頼んだ。

　　2　部長になり、更になまけて働き、能力を認められた。

　　3　作品の締め切りが目前なので、なまけている暇などない。

　　4　疲れがたまったときは、休暇を取ってなまけることも必要だ。

32 分類

1 このケーキを半分に<u>分類</u>して食べよう。

2 支払いは３回<u>分類</u>でお願いできますか。

3 列を<u>分類</u>せずにちゃんと並んでください。

4 会議の資料は内容ごとに<u>分類</u>しておかないと。

問題7　次の文の（　　　　）に入れるのに最もよいものを、１・２・３・４から一つ選び
　　　　なさい。

33　オリンピックは４年（　　　　）開かれる。

　　1　だけに　　　　　2　たびに　　　　　3　ままに　　　　　4　おきに

34　課長は高い給料をもらっている（　　　　）文句ばかり言っている。

　　1　ばかりに　　　　2　だけに　　　　　3　せいに　　　　　4　くせに

35　親は常に子供のことを心配するものだから、月に１回は電話（　　　　）しなさいよ。

　　1　から　　　　　　2　きり　　　　　　3　ほど　　　　　　4　ぐらい

36　不注意（　　　　）このような事態になってしまったことをおわびします。

　　1　に対して　　　　2　に沿って　　　　3　に応じて　　　　4　によって

37　あまりやる気が出ないのです。できないわけでは（　　　　）。

　　1　ないようですが　　　　　　　　　2　ないのですが

　　3　なさそうですが　　　　　　　　　4　ないそうですが

38　すぐ戻られるのでしたら、ここで（　　　　）。

　　1　待っていただけます　　　　　　　2　待たれます

　　3　お待ちします　　　　　　　　　　4　待ってさし上げます

39 子供ではないのだから、していいことと悪いことがわからない（　　　　　）。

1　にほかないでしょう　　　　　　2　に相違ないでしょう

3　どころではないでしょう　　　　4　はずがないでしょう

40 その山頂から眺めた湖は（　　　　　）ほど美しい光景だった。

1　言いようがない　　　　　　　　2　言うようがない

3　言わせようがない　　　　　　　4　言わせるようがない

41 自治休が何もしなかった（　　　　　）、もう少し効果的な政策を打ち出してほしかった。

1　とは言わないが　　　　　　　　2　とは言いきれるが

3　と言わざるを得ないが　　　　　4　と言わずにはいられないが

42 3月に入り、寒さは峠（とうげ）を越えた（　　　　　）やはりまだまだ寒い。

1　とはいうこと　　　　　　　　　2　とはいうものの

3　とはいうはず　　　　　　　　　4　とはいうところ

43 両親に迷惑を（　　　　　）気持ちから、アルバイトを始めた。

1　かけまいとする　　　　　　　　2　かけさせまいとする

3　かけかねるとする　　　　　　　4　かけさせかねるとする

44 クレジットカードの使いすぎで、破産は（　　　　　）借金がふくらみ、返済に苦しむサラリーマンが増えている。

1　しないまでも　　　　　　　　　2　されないまでも

3　しないまでには　　　　　　　　4　されないまでには

問題8 次の文の ___★___ に入る最もよいものを、1・2・3・4から一つ選びなさい。

（問題例）　きのう _____ _____ ___★___ _____ はとてもおいしかった。

　　　　　1　母　　　　　2　買ってきた　　　3　が　　　　　4　ケーキ

（解答の仕方）

1.　正しい文はこうです。

きのう _____ _____ ___★___ _____ はとてもおいしかった。
1　母　　3　が　　2　買ってきた　4　ケーキ

2.　___★___ に入る番号を解答用紙にマークします。

　　　　　　　　　　　　　　　　（解答用紙）　（例）　① ● ③ ④

45　そんなに嘘ばかりついていると、_____ _____ ___★___ _____ かねません。

　　1　さえ　　　　　　2　信用　　　　　3　親友の　　　　4　失い

46　親が _____ _____ ___★___ _____ 、私はアメリカに留学しようと思っている。

　　1　するか　　　　　2　にかかわらず　3　賛成　　　　4　しないか

47　カラオケ大会で優勝 _____ _____ ___★___ _____ にして、本気で歌手を志すようになった。

　　1　の　　　　　　　2　した　　　　　3　を　　　　　4　きっかけ

48 川崎銀行の受付の人は ＿＿＿＿＿ ＿＿＿＿＿ ★ ＿＿＿＿＿ くれて感じがいい。

　1　たびに　　　　　2　して　　　　　3　にこにこ　　　4　行く

49 ２年に１度の大会で ＿＿＿＿＿ ★ ＿＿＿＿＿ ＿＿＿＿＿ 惜しんで練習しました。

　1　寝る　　　　　　2　優勝する　　　3　間も　　　　　4　ために

問題9 次の文章を読んで、文章全体の内容を考えて 50 から 54 の中に入る最もよいものを、1・2・3・4から一つ選びなさい。

　　日本の国土は、世界でも稀な温和な気候と美しい自然にめぐまれている。 50 、狭い島国であっても、北と南とでは気候は異なり、生活の条件もかなりちがう。けれども、概していうなら、これほど優しい山河に取り巻かれた風土は、地球上で例外といってもよい。このようなおだやかな自然のなかで暮らし続けてきた日本人は、とうぜん自然に親しみ、自然に甘えてきた。日本人は自然に敵対したり、自然を克服しようなどとは、まったく考えもしなかった。確かに自然は災害ももたらした。台風、地震、洪水、豪雪、火山の噴火……こうした天災で人々は苦しんできた。しかし、それにしても、この国では自然が徹底的に人間を痛めつけることはしなかった。一時的に災害をもたらしても、自然はすぐに優しく人間をいたわり、その打撃から 51 くれるのである。だから日本人は自然を愛したというより、自然を信じてきたというべきだろう。自然への信頼は、いつか自然への甘えとなる。自然に親しみ続けてきた日本人は、なぜ自然を破壊して顧みなかったのかというその理由は、日本人の自然 52 甘え以外の何ものでもない。人間の手でいくら自然の一部を壊しても、自然は怒らないし、そんなに傷つくことも 53 という自然への信頼！それが日本人をして平気で自然環境を (注)損なわしめたのである。まるで幼児が母親に甘えるような日本人の自然に対する甘ったれた心情である。その心情は、すべては自然が解決してくれるという信仰にまで達する。日本的主義とは、そうした自然信頼に 54 。

（森本哲郎『日本語 表と裏』新潮社）

（注）損なわしめた：損なわせた

50

1	むろん	2	したがって
3	要するに	4	だからこそ

51

1	立ち直られて	2	立ち直らせて
3	立ち直させて	4	立ち直されて

52

1	に従う	2	に対する
3	に沿う	4	に伴う

53

1	あるまい	2	あるわけがない
3	あるどころか	4	あるおそれがある

54

1	ほかない	2	ほかならない
3	かぎらない	4	きまらない

問題10 次の(1)～(5)文章を読んで、後の問いに対する答えとして最もよいものを、
1・2・3・4から一つ選びなさい。

(1)

　腹八分——これは、満腹になるまで食べずに80％くらいにしておくという意味です。確かに、食べ過ぎるとかえって具合が悪くなってしまいます。このことは食事だけではなく、あらゆることに共通しているように思います。食べ物や資源を使うのは80％にしておいて、残りの20％は他者のために取っておくという心でいれば平和な世の中になりそうではありませんか。腹八分が健康にいいと医学的にも証明されています。100％を望まず80％程度に。何事においてもそれが一番いいのかもしれません。

55 筆者はどのような精神が一番いいと述べているか。

　1　80％くらいは他者の利益のために使おうという精神

　2　80％くらいは自分の利益を考えるべきだという精神

　3　20％は残りの人生のために取っておこうという精神

　4　20％はほかの人にゆずろうという精神

(2)

　　プロの野球選手として活躍していた人が、少年野球の指導に生きがいを感じる
ようになることがある。初心を思い出すということだろう。厳しい勝負の世界で
失ってしまったものも大きい。純粋なスポーツ精神だけではない、ビジネスとし
ての裏世界もたくさん見てしまう。選手同士の嫉妬もある。マスコミの報道にも
左右されてしまう。何を目指しているのか分からなくなる。それが、子どもたち
の純粋な心に触れることで、野球本来の楽しさを再発見していくのだ。生きがい
とは初心のなかにこそある。

56　筆者は生きがいをどのようにとらえているか。

　　1　何があっても純粋な心を持ち続けていれば、生きがいを発見できる。

　　2　生きがいは初心をもっている子どもにしか感じられないものである。

　　3　最初に目標を立てたときの気持ちのなかに、生きがいの本質がある。

　　4　厳しい勝負の世界で戦っていくことこそ生きがいというものである。

(3)

　　日記を書こうとすると、どうしてもその日にあった嫌なこと、不満、ストレスなどの話が多くなってしまうようです。お酒を飲みながら愚痴を言うような感覚なのでしょう。でもそれでは、日記の本当の効果を発揮できません。人は、嬉しいことよりも嫌なことのほうを記憶しているものです。嫌なことは、わざわざ書かなくても頭が覚えています。むしろ、今日の「ちょっといいこと」を書いてみましょう。後で読み返したとき、自分の人生にもなかなか良いことが多いのだなと実感できるはずです。

[57]　日記の本当の効果とはどのようなものか。

　　1　もう一度読んでみたときに嫌なことを忘れられる効果

　　2　自分の人生に対する不満がいつのまにか消える効果

　　3　不満だらけの生活ではないことを確認できる効果

　　4　お酒を飲んでストレスを発散するのと同じ効果

(4)

> 　携帯電話でゲームをしたりメールを送ったり。電車のなかで当たり前に見る光景となった。会社帰りの気分転換に、時間つぶしに、気軽にできるのがいい。でも目にとってはいいことではない。振動のある場所で物を見るというのは、疲れ目の原因になる。本を読むことも同様だ。電車のなかが唯一の読書時間という人もいると思うが、少し控えたほうが良さそうだ。それならいつ本を読んだりゲームをしたりすればいいのかと思うだろう。忙しい現代社会では、目に優しくするのも難しいものだ。

58　現代社会で目に優しくするのが難しいのはなぜか。

　　1　振動する電車のなかでは、何もしなくても目が疲れてしまうから

　　2　時間を有効に使うためには、電車のなかで見るしかないから

　　3　電車のなかで気分転換をしないことが疲れ目の原因になるから

　　4　ゲームや読書をする時間がないとストレスがたまるから

(5) 以下は、ある会社が取引先に出した文書である。

株式会社ミヤマエ 御中

エイコー株式会社

拝啓　時下ますますご清栄のこととお喜び申し上げます。

　いつも (注)貴社の製品を使わせていただいており、とても感謝しております。おかげさまでお客様からはとても良い評判を頂いております。

さて、当社ではこれまで、営業の者が貴社の製造現場を拝見したことがございませんでした。営業に役立てるためにも貴社の工場を見学したいという意見が多く、ぜひご許可を頂きたくお願い申し上げます。

　勝手なお願いではありますが、来月下旬に見学をさせていただければ幸いです。見学希望者は20名です。

　ご検討のほど宜しくお願い申し上げます。

敬具

(注) 貴社：相手の会社

59　この文書が最も伝えたいことは何か。

1　いつも良い製品を購入してくれて感謝している。

2　より良い営業のために、工場見学をさせてほしい。

3　来月下旬に工場に来てほしい。

4　工場見学の人数を20名に変更したい。

次のページに問題11が続きます。

問題11　次の（1）～（3）文章を読んで、後の問いに対する答えとして最もよいものを、
　　　　1・2・3・4から一つ選びなさい。

（1）

　　今の子どもたちは勉強しなくなった、学力が低下したとよく言われるが、マス
コミが大げさに騒ぎすぎているだけのような感じもする。マスコミというのは真
実を伝えることには重点を置かない。ただ単に、話題性のあることを取り上げ、
注目を浴びようとしているだけである。一般の人も、そんなことくらいは気づ
いているはずだ。それなのに、わざとマスコミと口を合わせているような面がある。
今の子どもたちの学力が低下したというなら、昔の子どもたちはどうだったのか、
具体的なデータがなければ単純な比較はできない。いったい誰が、昔の子どもた
ちの実態を正確に知っているのだろう。

　　まず、どんな時代にも天才と呼ばれる人は出現している。ただし、それは全体
から見たら一部である。現在でも驚くべき才能を発揮する人はいるものだ。そして、
何十年、何百年経った後、その一部の天才を見て「昔はすごかった」と、今の時代
のことを評価されたらどう思うだろうか。

　　また、優秀な人しかいない時代というのもないはずだ。電気を発明した昔の人
はすごいのか。その時代でも、電気の発明など全く考えていなかった人のほうが
多かったと思うが、どうだろう。今、携帯電話の発展がすごいからといって、全
ての人が携帯電話の新機能を作り出す能力があるわけではない。あまり極端に物
事を判断しないほうがいい。それは人間の可能性を否定することにもなる。今の
子どもたちだって純粋に頑張っている子はたくさんいるのだ。

60 そんなこととは何か。

1 子どもが勉強しないのは、注目を集めるためであること

2 子どもの学力が低下したという正確なデータがないこと

3 マスコミが言っていることは真実と正反対であること

4 マスコミが言っていることの真実性が薄いこと

61 筆者は、天才と呼ばれる人の存在をどのようにとらえているか。

1 昔も今も、天才が少しはいる。

2 昔も今も、天才ではない人が一部いる。

3 昔のほうが天才と呼ばれる人は多かった。

4 今のほうが驚くべき才能を発揮する人が多い。

62 今の子どもたちについて、筆者が言いたいことは何か。

1 今の子どもたちのことは、誰にも判断できない。

2 今の子どもたちは、携帯電話を使う能力がすごい。

3 今の子どもたちを、昔の子どもたちと比べるのはおかしい。

4 今の子どもたちも、昔の子どもたちと同じように純粋だ。

(2)

　引き受けたくない仕事がきたら新しい道が開ける。①これは今までの経験によって得てきた、私の信念である。自分には絶対にできないと思っていることが、意外と自分の特技になったりするものだ。

　私はもともと人と話すのが苦手で、営業という仕事は絶対にやりたくないと思っていた。それが、会社からある日突然、営業部に異動してくれと言われたのである。頭の中が真っ白になったことを今でもよく覚えている。無理だと何度も断ったが、それは会社の命令。従わざるをえなかった。そこからは本当に大変な毎日を過ごした。なぜこんな仕事をしなければならないのか、何のために生きているのか、②ずいぶんと悩んだものである。転職を考えるような心の余裕さえなくしていた。苦手だからこそ他人よりも数倍の努力が必要だった。しかし、それが逆に私の長所となるとは予想外のことだった。この人とは一緒に仕事したくないと思った相手とも、仕事のため仕方なく付き合っていたのだが、その人脈から新しい仕事がどんどん広がるようになっていったのである。不思議なことに、いつしか私は会社一番の営業マンになっていた。

　人生、大丈夫かどうかなんて、やってみないと分からない。振り返ってみると、誰もが言うありふれた言葉ではあるが、苦労していた過程が一番楽しい時間であったと実感する。だから仕事で悩んでいる人に私は言いたい。人生で大切なのは、成功よりも挑戦である。挑戦さえしていれば、いつのまにか成功の中にいる自分に気づくものなのだと。

63 ①これとは何か。

1 やりたい仕事が自分の特技になるわけではないこと

2 やりたくないことが新しい自分の能力を開発すること

3 人と話すことに挑戦をすると、新しい道が開けること

4 いつもの道ではなく、新しい道を通って会社に行くこと

64 ②ずいぶんと悩んだとあるが、それはなぜか。

1 本当は転職をしたいのに、それを考える余裕がなかったから

2 会社の命令に従わなかったせいで、心の余裕をなくしたから

3 一緒に仕事したくない人に営業部に異動しろと言われたから

4 人と会話するのが苦手なのに、それをしなければならないから

65 この文章で筆者が一番言いたいことは何か。

1 やってみようという気持ちになれば、良い結果が必ず出る。

2 自分の人生がこれで大丈夫かどうかは誰にも分からない。

3 苦労している過程が成功だということに気づくのが大切だ。

4 仕事しているときが一番楽しい時間なのだと感じてほしい。

(3)

　日本人は昔から虫の声に親しんできた。虫の声を聞きながら宴会を開くことも
あった。夏のせみの声は、さすがにうるさく感じることもあるが、秋に聞く虫の
声は、なぜか美しいと感じ、聞いているうちに世間でのストレスも忘れてしまう。
しかし、鳴いている虫たち自身はどうなのか。自分で鳴きながらうるさくないの
だろうか。大声で叫び続けていたら声も耳もおかしくなりそうなものだが、どう
して平気なのだろう。ふと疑問に思い、コオロギのことを少し調べてみることに
した。

　まず、コオロギの耳がどこにあるかといえば、それは足にある。正確にいえば
膝だ。これもまた不思議な場所だが、それには理由があった。コオロギが鳴くの
は、メスを引き寄せ、ライバルのオスを追い出すためなのだが、そのためには足
に耳があると便利なのだ。足はいろいろな方向に向けられるので、相手の位置を
確認しやすいのである。

　それならば、やはり聴覚も優れているということだ。聴覚の感度が低ければ相
手の位置が分からない。しかし逆に、高すぎれば自分の声で気絶してしまうはずだ。
それをどう解決しているかというと、実はたった一瞬でそれを調節していたのだ。
鳴く直前には聴覚の感度を低くし、鳴いた直後に聴覚を元に戻している。だから
自分で鳴いていてもうるさくないわけである。小さな虫の世界にも、生きる知恵
が豊富である。

66 筆者は、どんなときに世間でのストレスも忘れてしまうと言っているか。

1 親しい人と一緒に虫の声を聞いているとき

2 宴会を開きながら虫の声を聞いているとき

3 秋の虫がきれいな声で鳴いているとき

4 うるさいと感じた虫の声が美しかったとき

67 筆者によると、コオロギの耳が足にある理由は何か。

1 大きな声で鳴き続けてもうるさく感じないようにするため

2 メスを引き寄せ、敵であるオスを追い出す必要があるため

3 鳴き声だけでは相手の位置を確認できないため

4 足の向きを変えれば相手の声が聞きやすくなるため

68 コオロギの生きる知恵とは何か。

1 鳴いているときと聞いているときの耳の感度が違うこと

2 メスがいるときとオスがいるときの耳の方向が違うこと

3 相手の位置を知るために耳の感度が低くなっていること

4 耳の感度はとてもいいのに、自分の声だけが聞こえないこと

問題12 次のＡとＢの文章を読んで、後の問いに対する答えとして最もよいものを、
1・2・3・4から一つ選びなさい。

A

　　野菜は畑で育てるもの。その常識がひっくり返された。野菜を工場で育てると
いう野菜工場が誕生したのだ。栽培方法は、人工の光のみで育てる場合と、太陽
光も使う場合とがある。この野菜工場のメリットは何かというと、1つは食の安
全性という面だ。工場内は消毒がしっかりとされていて、農薬を使う必要がない。
そのため、収穫した野菜は洗わないでも食べることができるという。メリットの
2つ目は、気候の影響を受けないので品質のいい野菜がいつでもできるというこ
とだ。安定した生産により、野菜価格も安定する。消費者にとっても嬉しいことだ。
安全と安定を求める、これからの時代にふさわしい栽培だ。

B

　　昔から野菜は、季節のものを食べるのが良いとされている。人は、野菜の味と
ともに季節感も味わっていた。自然界のリズムには無駄がない。収穫する時期が
あるということには深い意味があるはずであり、その時期にその野菜を食べるの
が一番健康なのだ。私たち人間は大地から食物をもらっている。それを「大地の
恵」と表現している。今では人工的に野菜を作り出す技術が発達し、野菜の季節
感がなくなった。あらゆる野菜を一年中食べており、それを当然だと思っている。
そこからは大地への感謝が生まれるはずがない。健康の面でも心の面でも、これ
は良いことと言えるはずがない。

69 AとBの両方の文章で触れている内容は何か。

1 季節に関係なく野菜が食べられること

2 自然のリズムに合わせて野菜を食べること

3 野菜を食べることは健康にいいこと

4 安全な野菜を育てることができること

70 AとBは、野菜について、何が大切だと述べているか。

1 AもBも、自然に感謝して食べることが大切だと述べている。

2 AもBも、人工的に野菜を作ることが大切だと述べている。

3 Aは品質のいい野菜が大切だと述べ、Bは品質は関係ないと述べている。

4 Aは人工の野菜は必要だと述べ、Bは自然の野菜が大切だと述べている。

問題13 次の文章を読んで、後の問いに対する答えとして最もよいものを、１・２・３・４から一つ選びなさい。

　古いものにも良いものがあり、新しいからといって良いとも限らない。古いから捨てる、新しいから持つ、という単純な発想は良くない。しかし、いつの時代も新しいものを受け入れながら発展してきた。古いものに飽きた人々と、新しいものを拒否する人々と、常に葛藤(注1)の連続であり、常に意見が食い違う。それは仕方のないことなのかもしれない。新しいものを拒否するわけにもいかず、かといって古いものが全てだめなわけでもない。結局は、賢く判断して選んでいくしかない。

　昔にさかのぼってみると、世界で(注1)四大文明が発展していた頃、日本はいまだ石器時代(縄文時代)を生きていた。その時間は１万年を超える。１万年という長い間、どのような生活をしていたのかは分かっていないが、文明世界とはかなり違っていただろう。そんな縄文人たちが文明と出会ったとき、その衝撃はどれほどだっただろうか。積極的に受け入れようとする者、抵抗する者とに分かれたのではないだろうか。そして、徐々に生活を変化させていった。その後も、国の体制作りでは中国を真似した。それだってずいぶんと混乱があったはずだ。例えば、仏教を受け入れるかどうかでも争いが起きていた。いつだって新しいものを受け入れるときには混乱と葛藤(注1)がともなう。ただ面白いことは、新しいものを受け入れた後には、その反動とも思えるほど、本来の文化を大事にしようという国風文化が起こっていることである。平安時代や江戸時代がそれである。そして今度は、西洋と出会うことになり、血を流す争いを繰り返しながらも受け入れ、社会体制を変化させた。(注2)西洋一辺倒になりすぎたとの自己批判もあるが、しかし、はるか昔からそのような連続である。そう考えていくと、いったい文化の本質とは何かと疑問になる。古いものといっても、前の時代には新しいものだったのであり、伝統といっても、初めは珍しいものだったはずだ。人間は何にこだわっているのか。

　現代は、グローバル化という現象に誰もが混乱している。しかし、歴史はいつもその混乱を繰り返し、乗り越えてきている。だとしたら、対処方法も必ず見つかるはずである。歴史を学ぶ意義とはそういうところにある。

(注1) 四大文明 : 世界最古の４つの文明

(注2) 西洋一辺倒 : 西洋だけに注目して、他を見ないこと

71　筆者は、古いものと新しいものをどのようにとらえているか。

1　古いものには飽きてしまったが、新しいものが良いわけでもない。

2　古いものが悪いわけではないが、新しいものも必要である。

3　新しいものを受け入れ、古いものは捨てるべきである。

4　新しいものを拒否し、古いものを守るべきである。

72　文化の本質とは何かと疑問になるとあるが、何が疑問なのか。

1　最初に文明と出会った人々は、何を受け入れ、何を残したのだろうか。

2　昔は拒否していたものでも、それが伝統に変わると守ろうとするのはなぜか。

3　新しくて珍しいものにこだわろうとするのは仕方ないことなのだろうか。

4　西洋と出会ったことで、昔からの文化がなくなってしまったのではないか。

73　筆者は歴史を学ぶ意義についてどのように述べているか。

1　文化と伝統の本質を追求することで、真の愛国心を養う。

2　新しいものと古いものにこだわる心を解明し、道徳を高める。

3　受け入れる者と抵抗する者との争いを批判し、平和を実現する。

4　社会が変化してきた過程を知ることで、判断力を身につける。

問題14 右のページは、南原市で開催される農業研修の案内である。下の問いに対する答えとして最もよいものを、1・2・3・4から一つ選びなさい。

74 この農業研修を受講できるのは次のうちだれか。

1 南原市民で、りんご園を開くのが夢である66歳の女性

2 北原市で農業を始めようとしている30歳の男性

3 南原市の自宅の庭で家庭菜園をしたい65歳の男性

4 北原市民で、南原市へ移って農業をしたい40歳の女性

75 この研修の申し込みについて、正しいものはどれか。

1 ホームページで必要な書類をダウンロードし、一般郵便で送る。

2 南原市役所から指定の書類をもらい、記入後、宅配便で送る。

3 平日の午前8時に、南原市役所へ書類を持っていく。

4 平日の午後1時に、農業研修センターへ書類を持っていく。

南原市　農業研修　受講生募集

南原市内で農業で生活することを目指す人に１年間の研修を行います。基礎知識や技術を習得し、経営を支援します。

■ 対象者　　南原市内で農業を経営することを希望する人で、以下の資格を満たしている人
　　　　　　・年齢　：18歳から65歳まで
　　　　　　・農業によって生活することを希望する者
　　　　　　・南原市民あるいは南原市への移住希望者
　　　　　　・１年間、受講できる者

■ コース　　・稲作コース
　　　　　　・野菜コース

■ 申し込み手続き
　　　　　　・申し込み先：申し込み書類を南原市農業研修センターへ請求し、南原市役所に提出してください。書類は、ホームページからダウンロードもできます。
　　　　　　・申し込み方法：・発送又は持参により申し込んでください。
　　　　　　　　　　　　　　・発送の場合、指定の宅配便で送ってください。
　　　　　　　　　　　　　　（コンビニで受付可能）
　　　　　　　　　　　　　　・持参の場合、受付時間は平日の午前８時から午後５時まで。（土曜日、日曜日、及び祝日は受付を行いません）

■ 出願書類　（１）受講申込書（様式指定）
　　　　　　（２）履歴書（様式指定）
　　　　　　（３）農業目標書（様式指定）

■ 結果　　　面接を行ったうえ審査し、結果は郵送でお知らせします。

■ 決定後の手続き
　　　　　　受講が認められた方は、誓約書を提出するとともに、必要な書類をそろえ受講手続きを行ってください。なお、期限内に誓約書を提出しない場合は、受講を取り消すことがあります。

問題1

問題1では、まず質問を聞いてください。それから話を聞いて、問題用紙の1から4の中から、最もよいものを一つ選んでください。

1番

1　お金を両替する

2　飲み物を買う

3　お土産を買う

4　荷物を入れ直す

2番

1 教室に行く

2 プリントをコピーする

3 先生の荷物を持つ

4 本屋に行く

3番

1 企画書を書き直す

2 工場に相談に行く

3 客に電話をする

4 会議の報告書を書く

4番

1　会場を予約する

2　会費を集める

3　プレゼントの品物を二つ選ぶ

4　みんなの意見を聞く

5番

1　ファイルとコピー用紙

2　ファイルとホワイトボードのペン

3　コピー用紙とカタログ

4　ホワイトボードのペンとカタログ

もんだい
問題2

問題2では、まず質問を聞いてください。そのあと、問題用紙のせんたくしを読んでください。読む時間があります。それから話を聞いて、問題用紙の1から4の中から、最もよいものを一つ選んでください。

ばん
1番

1 EMSで送る

2 航空便で送る

3 国際書留で送る

4 船便で送る

2番

 1 敬語で丁寧に話すこと

 2 親切に対応すること

 3 客の希望を理解すること

 4 落ち着いて対応すること

3番

 1 親が子どもに運動をさせたいから

 2 ダンスグループが人気だから

 3 ダンスが学校で必修科目だから

 4 他のスポーツの人気がないから

4番

1　コーヒーを飲みながら勉強できるから

2　本のにおいが好きだから

3　図書館ではコーヒーが飲めないから

4　静かな場所のほうが集中できるから

5番

1　出席と小テスト

2　期末テストと期末レポート

3　小テストと期末レポート

4　宿題と期末テスト

6番
ばん

1 月曜日
げつようび

2 火曜日
かようび

3 水曜日
すいようび

4 木曜日
もくようび

問題3では、問題用紙に何もいんさつされていません。この問題は、全体としてどんな内容かを聞く問題です。話の前に質問はありません。まず話を聞いてください。それから、質問とせんたくしを聞いて、1から4の中から、最もよいものを一つ選んでください。

― メ モ ―

問題4

問題4では、問題用紙に何もいんさつされていません。まず文を聞いてください。それから、それに対する返事を聞いて、1から3の中から、最もよいものを一つ選んでください。

― メ モ ―

もんだい
問題5

問題5では長めの話を聞きます。問題用紙にメモをとってもかまいません。

ばん　　　ばん
1番、2番

問題用紙に何もいんさつされていません。まず話を聞いてください。それから、質問と
せんたくしを聞いて、1から4の中から、最もよいものを一つ選んでください。

3番
ばん

まず話を聞いてください。それから、二つの質問を聞いて、それぞれ問題用紙の1から
4の中から、最もよいものを一つ選んでください。

質問1
しつもん

    1   Aチーム

    2   Bチーム

    3   Cチーム

    4   Dチーム

質問2
しつもん

    1   Aチーム

    2   Bチーム

    3   Cチーム

    4   Dチーム

적중 모의고사

2회

JLPT
N2

2회 언어지식(문자 어휘·문법)

問題1 _____の言葉の読み方として最もよいものを、1・2・3・4から一つ選びなさい。

1 日本のアニメーションの技術は素晴らしい。

    1　きしゅつ　　　　2　ぎしゅつ　　　　3　きじゅつ　　　　4　ぎじゅつ

2 今の部署もいいが、営業部にいって自分の力を試してみたい。

    1　かくして　　　　2　ためして　　　　3　ついやして　　　　4　あらわして

3 今年は大きな事件もなく穏やかな年だった。

    1　さわやか　　　　2　あざやか　　　　3　おだやか　　　　4　にぎやか

4 実家から遠いので、大学の近くに下宿している。

    1　かしゅく　　　　2　がじゅく　　　　3　げしゅく　　　　4　げじゅく

5 長官の発言が、両国の争いの種となった。

    1　ね　　　　　　　2　み　　　　　　　3　たね　　　　　　4　みき

問題2 _____の言葉を漢字で書くとき、最もよいものを１・２・３・４から一つ選びなさい。

6 <u>かんしゅう</u>は、立ち上がって大きな拍手を送った。

1 歓衆 　　　　 2 歓中 　　　　 3 観衆 　　　　 4 観中

7 世間を騒がせた誘拐犯が<u>つかまった</u>。

1 捕まった 　　 2 迫まった 　　 3 埋まった 　　 4 余まった

8 飛行機を<u>そうじゅう</u>するのは大変だそうだ。

1 操従 　　　　 2 繰従 　　　　 3 操縦 　　　　 4 繰縦

9 年々、<u>ようじ</u>教育が盛んになっていく。

1 幼兒 　　　　 2 幼児 　　　　 3 幻兒 　　　　 4 幻児

10 僕の<u>じゅんすい</u>な気持ちを彼女に伝えたい。

1 純粋 　　　　 2 鈍粋 　　　　 3 純粋 　　　　 4 鈍粋

問題3 （　　　　）に入れるのに最もよいものを、1・2・3・4から一つ選びなさい。

11　（　　　　）対面の人にそんな失礼な言い方はよくないよ。

　　1　初　　　　　　2　始　　　　　　3　接　　　　　　4　面

12　客室乗務員の仕事は、思ったよりも（　　　　）労働だ。

　　1　増　　　　　　2　高　　　　　　3　多　　　　　　4　重

13　こちらの書類は決裁（　　　　）でございます。

　　1　末　　　　　　2　終　　　　　　3　済　　　　　　4　完

14　部長、池田物産との（　　　　）は3時半からです。

　　1　待ち合わせ　　　2　問い合わせ　　3　打ち合わせ　　4　組み合わせ

15　では、首都（　　　　）の交通情報をお伝え致します。

　　1　地　　　　　　2　内　　　　　　3　県　　　　　　4　圏

問題4 (　　　　)に入れるのに最もよいものを、1・2・3・4から一つ選びなさい。

16 大勢の前なので(　　　　)しまい、ろくにスピーチも出来なかった。
    1　ねだって　　　　2　くだって　　　　3　あがって　　　　4　たもって

17 文芸雑誌が創刊されたが、700ページもあってずいぶん(　　　　)がある。
    1　バランス　　　　2　アレンジ　　　　3　コンパクト　　　　4　ボリューム

18 ご(　　　　)にもかかわらず、お越しいただき誠にありがとうございます。
    1　世話　　　　　　2　多忙　　　　　　3　邪魔　　　　　　4　忘却

19 木村先輩は私の敵なのか(　　　　)なのか、まだよく分からない。
    1　味方　　　　　　2　中身　　　　　　3　仲人　　　　　　4　助手

20 会議は(　　　　)月の1日、つまり1，3，5，7，9，11月の1日に開催することにします。
    1　小数　　　　　　2　点数　　　　　　3　奇数　　　　　　4　偶数

21 この度の爆発事件の原因について、首相から(　　　　)発表がある予定です。
    1　公開　　　　　　2　公正　　　　　　3　公式　　　　　　4　公共

22 彼の(　　　　)態度にはあきれるばかりだった。
    1　なつかしい　　　2　こいしい　　　　3　あつかましい　　4　すがすがしい

問題5　_____の言葉に意味が最も近いものを、1・2・3・4から一つ選びなさい。

23　今の状況を<u>冷静に</u>判断しなければならない。

　　1　考え込んで　　　2　落ち着いて　　　3　追い越して　　　4　打ち出して

24　話し合いが<u>なめらかに</u>進んで、ほっとした。

　　1　シンプル　　　　2　スムーズ　　　　3　スマート　　　　4　ハード

25　政府の教育政策に関する発表がまた<u>のびた</u>ということだ。

　　1　早くなった　　　2　遅くなった　　　3　新しくなった　　　4　難しくなった

26　人を<u>みかけ</u>だけで判断してはいけない。

　　1　視線　　　　　　2　直感　　　　　　3　外見　　　　　　4　偏見

27　その件については、あの時、<u>きっぱり</u>断るべきだったのです。

　　1　あわてずに　　　　　　　　　　2　あきらめずに

　　3　ためらわずに　　　　　　　　　4　たしかめずに

問題6 次の言葉の使い方として最もよいものを、1・2・3・4から一つ選びなさい。

28 普及

1 この前のお見合い相手は、ごく普及の人だった。

2 津波が与える被害の普及は、はかり知れない。

3 電気自動車が普及するように各社の努力が続いている。

4 今度、我が社は中国に支店を普及する計画がございます。

29 こっそり

1 最近パソコンはこっそりとした形のスタイルが多い。

2 いいたいことを吐き出したら気持ちがこっそりした。

3 この服はあなたにこっそり合うと思ってつい買っちゃった。

4 こっそりタバコを吸っているところを、妹に見られてしまった。

30 詰める

1 すみません。ちょっと席を詰めていただけませんか。

2 部屋に詰めて小説を書く人が、意外と多いらしい。

3 学生の過ちをひたすら詰めたら、かえってよくない。

4 火の調節を間違えてしまい、ご飯が詰めてしまった。

31 スペース

1 このマンションは、収納スペースが多いのが便利だ。

2 車がパンクしてしまったので、スペースタイヤをつけた。

3 マラソンは自分のスペースで走ることが一番大事だ。

4 スペースが合う友達と旅行するほど楽しいことはない。

32 誤解

1 計算を誤解してしまい、金額が合わなかった。

2 カーナビを誤解して見て、道に迷ってしまった。

3 はっきりした態度をとらないと誤解を招きかねない。

4 この歌は30年間禁止されていたのだが、やっと誤解された。

問題7　次の文の（　　　　　）に入れるのに最もよいものを、1・2・3・4から一つ選び
　　　なさい。

33　遊んでばかりいた木村君が東京大学に受かったと聞けば、だれ（　　　　）びっくり
するよ。

1　こそ　　　　　　2　さえ　　　　　　3　だって　　　　　4　までも

34　ミーティングルームは、予約を確認した（　　　　）ご利用下さい。

1　うえに　　　　　2　うえで　　　　　3　ところを　　　　4　ところで

35　今日の飲み会は仕事の話は（　　　　）楽しくやりましょう。

1　ぬきつつ　　　　2　ぬきながら　　　3　ぬきにして　　　4　ぬくにして

36　1週間で治ると医者に言われたが、よくなる（　　　　）ますます悪くなってきた。

1　ものの　　　　　2　ものか　　　　　3　ところに　　　　4　どころか

37　新商品のラーメンの発売に（　　　　）B食品会社は大女優をモデルに、広告を出した。

1　こたえて　　　　2　かけて　　　　　3　いたって　　　　4　先立って

38　A「今の仕事は残業ばかりで休みもとれないので、転職しようと思っています。」
　　B「それはいいけど、入社してまだ2年でしょう。3年以上（　　　　）経歴にならな
　　　いよ。」

1　勤めるとしたら　　　　　　　　　2　勤めないことから

3　勤めないこととして　　　　　　　4　勤めてからでないと

39 山奥で遭難し、一人だけ残されていたなんて、（　　　　）ぞっとする。

  1　想像するだけで　　　　　　　　　2　想像させられるだけで

  3　想像するしかで　　　　　　　　　4　想像させられるしかで

40 こんなところで先生に会うなんて、（　　　　）。

  1　思ってもみなかった　　　　　　　2　思ってならなかった

  3　思わざるを得なかった　　　　　　4　思わずにはいられなかった

41 日本では今まで新幹線に（　　　　）高速バスが、最近見直されてきたということだ。

  1　押し気味だった　　　　　　　　　2　押され気味だった

  3　押しそうだった　　　　　　　　　4　押されそうだった

42 もしできれば、私に首相へのインタビューを（　　　　）。

  1　していただけませんか　　　　　　2　してさしあげませんか

  3　させていただけませんか　　　　　4　させてさしあげませんか

43 ハワイは亜熱帯気候だから、雪が（　　　　）。

  1　降るわけがないでしょう　　　　　2　降らないわけがないでしょう

  3　降るわけにはいかないでしょう　　4　降らないわけにはいかないでしょう

44 時間が遅かったので店はもう（　　　　）が、店の人に頼んで食事だけした。

  1　終わるおそれがあった　　　　　　2　終わり気味だった

  3　終わりかけていた　　　　　　　　4　終わるか終わらないかのうちだった

問題8 次の文の＿＿★＿＿に入る最もよいものを、1・2・3・4から一つ選びなさい。

（問題例） きのう ＿＿＿＿ ＿＿＿＿ ＿★＿ ＿＿＿＿ はとてもおいしかった。

1 母　　　　2 買ってきた　　　　3 が　　　　4 ケーキ

（解答の仕方）

1. 正しい文はこうです。

きのう ＿＿＿＿ ＿＿＿＿ ＿★＿＿ ＿＿＿＿ はとてもおいしかった。
　　　1 母　3 が　2 買ってきた　4 ケーキ

2. ＿★＿に入る番号を解答用紙にマークします。

（解答用紙）　（例）　① ● ③ ④

---

45 いったん ＿＿＿＿ ＿＿＿＿ ＿★＿ ＿＿＿＿ 仕事をしたいと思います。

1 できる　　　　2 からには　　　　3 引き受けた　　　　4 納得

46 もし、会社の方針 ＿＿＿＿ ＿＿＿＿ ＿★＿ ＿＿＿＿ 社内での立場が悪くなりかねない。

1 ものなら　　　　2 しよう　　　　3 反対　　　　4 に

47 指示の ＿＿＿＿ ＿＿＿＿ ＿★＿ ＿＿＿＿ やるつもりだ。

1 だけは　　　　2 とおり　　　　3 やる　　　　4 に

48 この区民センターでは、様々な国の人が交流する ＿＿＿＿＿ ＿＿＿＿＿ ＿＿＿★＿＿
＿＿＿＿＿ する集まりが月1回開かれています。

1 を 　　　　　2 と 　　　　　3 こと 　　　　　4 目的

49 彼は家族が ＿＿＿＿＿ ＿＿★＿＿ ＿＿＿＿＿ ＿＿＿＿＿ 冬山に行こうとしている。

1 も 　　　　　2 止める 　　　　　3 かまわず 　　　　　4 の

問題9　次の文章を読んで、文章全体の内容を考えて ⎡50⎤ から ⎡54⎤ の中に入る最もよいものを、1・2・3・4から一つ選びなさい。

　　蛍光ペンが読書力の低下を招いているという主張がある。そう聞いて、すぐに納得できる人はいないだろう。はたして ⎡50⎤ 意味だろうか。

　　蛍光ペンを使うのは重要な部分をチェックするためである。蛍光ペンがなかった頃にはペンや鉛筆で線を引いていたものだ。蛍光ペンの登場は画期的なもので、鮮やかで見やすいからと、あっという間に広がった。しかし、その鮮やかな色が ⎡51-a⎤ な読書の習慣を強くしているという。それは次のようなことである。読んでいる人はチェックをしたことで満足してしまい、深く考えない。頭には鮮やかな色が残っているだけで言葉の意味が残らない。そうして ⎡51-b⎤ で分析的な思考をする訓練を妨げていくのだ。特に、考えながら読むことが必要な若者には ⎡52⎤。では、ペンや鉛筆ならどうか。ペンや鉛筆を使うときには、線を引くだけではなく、書き込みをすることもできる。メモをするという作業によって本との関係が強くなり、思考力も ⎡53⎤。そのような関係が蛍光ペンでは作れないため読書力が低下していく。

　　さて、どうだろう。読書力が低下していると感じたら、たまには蛍光ペンではなくペンや鉛筆を ⎡54⎤。

50

1 どちらの
2 そういう

3 どういう
4 それほどの

51

1 a 継続的　　　b 単発的

2 a 消極的　　　b 積極的

3 a 抽象的　　　b 具体的

4 a 受動的　　　b 能動的

52

1 影響が大きいだろう
2 意味がないだろう

3 効果がないだろう
4 理解力が必要だろう

53

1 高まるというのだ
2 濃くなるというのだ

3 下がるというのだ
4 積まれるというのだ

54

1 使わないほうがいいかもしれない
2 使ってみるのもいいかもしれない

3 使っていたからかもしれない
4 使わなかったからかもしれない

問題10　次の(1)～(5)文章を読んで、後の問いに対する答えとして最もよいものを、
　　　　1・2・3・4から一つ選びなさい。

(1)

> 「グッドモーニング」、「グーテンモルゲン」など、たいていの国では、朝、起きると、「いい朝ですね」とあいさつする。日本でも、「おはよう」の言葉の後に続ける、「いいお日和で」とか、「ご精が出ますね」など、おたがいをいい気持ちにする言葉がある。
>
> 　朝、(注)起き抜けの脳に「いい朝」という言葉がインプットされると、それまで眠っていて、活動レベルの低かった脳が、いい気持ちで活動レベルをあげていく。こうすれば、その日一日、脳はいい気持ち、しあわせな気持ちに包まれて、活発に活動しやすくなる。
>
> 　朝のあいさつは、脳の生理にぴったり合ったものなのだ。
>
> 　　　　　　　　　　　　　（保坂隆『「頭がいい人」は脳のリセットがうまい』中央公論新社）
>
> (注) 起き抜け：眠りからさめて、起きたばかりのこと

55　脳の生理とはどのようなものか。

1　「いい朝」という言葉を聞いてはじめて、朝だと認識すること

2　活動するレベルを上げたり下げたりできること

3　聞いた言葉どおりの状態で活動を始めること

4　人をいい気持ちにするために活動していること

(2)

> 海外旅行をした際、現地で、あるいは帰国してから、夜に眠れない、昼に頭がボーッとするなど、いわゆる時差ぼけが生じることがあります。人間の体の機能は規則正しいリズムで動いており、それが時差によって乱れてしまうためです。
>
> 通常4〜5時間以上の時差で症状が出ますが、人間の体は、一日が長くなるほうには適応しやすく、短くなるほうには適応しにくい傾向があるようです。飛行機では現地到着時間に合わせて睡眠をとると不調を軽減させることができます。

56 筆者は、時差ぼけについてどのように述べているか。

1 飛行時間が4〜5時間以上になると、体のリズムが乱れやすい。

2 同じ時差でも、一日が短くなるよりも長くなるほうが体が不調になりやすい。

3 飛行機でずっと寝ているようにすると、体のリズムが乱れにくい。

4 現地の時間どおりに睡眠をとるようにすると、体が不調になりにくい。

(3)

夫婦が夫や妻のことを他の人に話すとき、昔は夫を「主人」妻は「家内」と呼ぶのが一般的だった。だがこれはそれぞれにジェンダーの問題があって最近はあまり人気がない。そこで上下関係や、役割の違いなどを感じさせない呼び方がいくつか考え出された。たとえば「連れ合い」というのは「行動をともにする人」という意味で、必ずしも夫婦関係だけを指すわけではないが男女に関係なく使われる。似た意味で「同伴者」もあるがちょっと重い感じがする。外来語である「パートナー」はスマートだが、ビジネスの場面を思わせる。夫婦は長くいると空気のような存在になるというが、その呼び方はそれぞれの夫婦の個性によるのだろう。

57 筆者は夫婦が相手のことを他人に話すとき、どう呼ぶのがいいと思っているか。

1 家庭での役割や関係を正確に表す言い方がよい。

2 男女がどちらも使えてあまり重くない表現がよい。

3 若い人は外来語を使うなど、年齢にふさわしい言い方がよい。

4 いろいろな言い方があるが、その夫婦の個性に合う表現がよい。

（4）

　　読書の難点というのは、読んだ本が自分に役に立つ良書であるとは限らない、という点です。どうすれば読むべき本についての選択眼を養うことができるか、ということが課題となりますが、残念ながら、これについては、必ずしも効率的な方法はありません。読んだ本がたまたまいい本だったというよりは、ふだん習慣的に本を読んでいると、その中で、一定確率でいい本にあたるので、なるべく継続的に数をこなしたほうがいい、というのが正直なところです。

（勝間和代『インディペンデントな生き方 実践ガイド』

ディスカバー・トゥエンティワン）

58　この文章で筆者の言いたいことはどれか。

　1　本を習慣的に読むことによって、自分に役に立つ本が選べるようになる。

　2　良書とはいえない本でも習慣的に読んでおけば、必ずいつか役に立つ。

　3　本を読むことが習慣になれば、いつか必ずいい本に出会えるようになる。

　4　本を読むことを習慣にしていけば、いい本に偶然出会えるかもしれない。

(5)

　　廃棄食品という言葉を聞いたことがあるだろうか。家庭やレストラン、コンビニ、食品会社などで、食べることなくそのまま捨てられている食品のことである。

　　熱量で見てみると、1人に対する供給量の平均は、1日で2,548kcalなのだが、実際に1人が食べている摂取量は1,891kcalであり、そこに657kcalの差がある。供給と摂取の差を廃棄食品だと考えると、それは供給の25.8%にも達する。残りの74.2%で約1億2千万人の国民を養っていることになる。

59 筆者は、供給と摂取の関係をどのように説明しているか。

1　供給が減れば、摂取も減るはずであり、廃棄食品も少なくなる。

2　廃棄食品の量を熱量で表すと、1人1日あたり657kcalとなる。

3　供給の25.8%を摂取していて、残りの74.2%は実際には食べていない。

4　廃棄食品は摂取量の25.8%に達し、摂取量は供給量の74.2%に相当する。

次のページに問題11が続きます。

問題11 次の(1)〜(3)文章を読んで、後の問いに対する答えとして最もよいものを、1・2・3・4から一つ選びなさい。

(1)

　私たちは、言葉を「伝達の手段」であると思っている。確かにそれはその通りだ。言葉を伝達以外に使うことはない。つまり、言葉は伝達するために「特別に生まれた道具」なのである。

　だが、「特別に生まれた道具」だからといって、万能というわけにはいかない。

　そもそも、人間以外の動物は「言葉以外の伝達手段（主にアクション）」で全てを済ませているのである。

　つまり、言葉の歴史はアクションの歴史より遥（はる）かに短いし、私のように、演劇やマンガを表現手段に使っている人間にとって、言葉はアクションよりインパクトが小さな伝達の手段に過ぎないのである。

　私の周りでは、よく次のような光景が見られる。

　待ち合わせに遅れてきた女が男にこういう。「ごめん。怒ってる？」

　男は「怒った」といいながら目が笑っている。こういう場合は怒っていない。

　逆に「怒っていない」といいながら、目が怒っている場合がある。こちらの場合は怒っている。

　①目は口よりも雄弁に語っている。

　語るのは、目だけではない。態度も同じだ。

　頬杖（ほおづえ）をついている男がいる。隣にいる女が「真面目に聞いているの？」と訊（き）く。男は「ああ、聞いているよ」と答える。実際は聞いていない。心ここにあらずである。

　こういう場面に遭遇（そうぐう）すると、②言葉はまったくあてにならない、と私たちは思う。

（竹内一郎『人は見た目が9割』新潮社）

60 筆者は、「伝達手段」である言葉についてどのようにとらえているか。

1 言葉は気持ちを伝達するために生まれたものだから、どんな場合でも気持ちを伝えられる。

2 言葉は動物が使わない人間だけの特殊な伝達手段だから、伝達手段の中で最も高等なものである。

3 言葉の歴史はまだ新しいものだが、伝達手段としてはアクションより表現力が多彩で豊かである。

4 言葉による伝達は、時と場合によってはアクションほど効果的に発揮されるわけではない。

61 ①目は口よりも雄弁に語っているとあるが、どういうことか。

1 表情は、言葉では表せない微妙な感情まで表現できる。

2 言葉によって気持ちを隠そうとしても、表情には本音が表れる。

3 表情が見えなくても、言葉と声で話している人の感情が理解できる。

4 言葉とアクションを使えば、自分の気持ちを正確に相手に伝えられる。

62 ②言葉はまったくあてにならないとあるが、それはなぜか。

1 言葉は時に真実を伴わないことがあり、必ずしも言葉と行動が一致しないから

2 言葉はただの伝達手段であり、真の気持ちは態度を見ればお互いに理解しあえるから

3 言葉は時に無意識での反応をすることがあり、その言葉には心がこもっていないから

4 言葉は自分でコントロールすることができ、真の気持ちがどうであれ嘘がつけるから

(2)

　かつては人間のみが道具を使うと考えられていた。だが、1960年代に入って、野性のチンパンジーが簡単ながらも道具を作り、それを使ってシロアリ釣りをすることが知られると、「ヒト＝道具製作者」という図式は塗り替えざるをえなくなった。(中略)

　しかしながら、人間とは勝手なもので、チンパンジーの道具使用が発見されると、今度は道具を作るために使う二次道具が彼らには見られない、と反論するようになる。

　もちろん、(注)類人猿に何ができて何ができないかを明確にする作業は重要である。しかし、その「何」の部分はだいたい人間の得意分野である。たとえばチンパンジーの知能は二～三歳児程度であるというような言説もよく耳にするが、いったい何を基準にして①そう言っているのかには注意が必要である。チンパンジーにとって人間の子供を対象とした知能テストに何の意味があるのだろうか。

　逆に考えれば、たとえ人間の三歳児にチンパンジーの身体能力を与えたとしても、けっしてアフリカの森の中で生きてはいけないだろう。また、チンパンジーの社会の中で他のチンパンジーたちとうまく付き合っていくこともできないだろう。いや、おそらく大人にでも無理である。その意味ではチンパンジーは彼らの環境においては人間よりもはるかに②「賢い」。

（中村美知夫『チンパンジー』中央公論新社）

(注) 類人猿：ヒトに最も近いサル類のこと。ゴリラ・チンパンジー・オランウータンなど

[63] この文章では、道具の使用についてどのように述べているか。

1 1960年代以前は、人間を含めた類人猿<ruby>類人猿<rt>るいじんえん</rt></ruby>だけが道具を使用すると考えられていた。

2 1960年代以前は、人間以外の動物は道具を使用しないと考えられていた。

3 1960年代にチンパンジーが、道具と二次道具を使用することが発見された。

4 1960年代に木の枝で釣りをする動物が発見され、動物が道具を使用することが明らかになった。

[64] ①<u>そう言っている</u>とあるが、どう言っているのか。

1 <ruby>類人猿<rt>るいじんえん</rt></ruby>に何ができて何ができないかを明確にすることは大事である。

2 <ruby>類人猿<rt>るいじんえん</rt></ruby>の得意なことと、人間の得意なこととは違う。

3 チンパンジーの頭の良さは、人間の二～三歳の子供と同じである。

4 人間の子供を対象としたテストをチンパンジーにもしている。

[65] ここでいう②「賢い」とは、どのような能力を持つことを指すのか。

1 どんな環境下でも状況を適切に把握して、それに合った対応をとることのできる能力

2 単なる身体的・知的能力ではなく、自分の生きる社会の中でこそ発揮することのできる能力

3 周囲の環境にとけ込み、その場にふさわしい社交性を発揮することのできる能力

4 知的活動で役に立つ能力ではなく、過酷な環境の中でも生き延びることができる能力

(3)

　忘れられるのはさほど価値のないことがらである。すくなくとも、本人が心の奥深いところでそう考えているものは忘れるともなく忘れる。いかに<u>些細</u>なことでも、興味、関心のあることは決して忘れたりはしない。①<u>忘れるとは、この価値の区別、判断である。</u>

　講義や講演をきいて、せっせとメモをとる人がすくなくない。忘れてはこまるから書いておくのだ、というが、ノートに記録したという安心感があると、忘れてもいいと思うのかどうか、案外、きれいさっぱり忘れてしまう。本来なら、忘れるはずのないことまで忘れる。

　②<u>めったにメモをとらないことだ。</u>ただぼんやり聴いていると、大部分は忘れるが、ほんとに興味があることは忘れない。こまかく筆記すると、おもしろいことまで忘れてしまう。

　つまらないことはいくらメモしてもいい。そうすれば、安心して早く忘れられる。大切なことは書かないでおく。そして、忘れてはいけない。忘れたら、とり返しがつかないと思っているようにするのである。

　人間は、文字による記録を覚えて、③<u>忘れることがうまくなった。</u>それだけ頭もよくなったはずである。

（外山滋比古『思考の整理学』筑摩書房）

66 ①忘れるとは、この価値の区別、判断であるとあるが、どういうことか。

1 大小を区別して、小さい問題は忘れるということ

2 大切ではないと思っていることは忘れるということ

3 価値のないことがらは忘れようにも忘れられないということ

4 興味、関心のあることがらは決まって忘れるということ

67 ②めったにメモをとらないことだとあるが、それはなぜか。

1 細かく筆記すると疲れてしまい、面白みを感じられなくなるから

2 メモを取ると話に集中できず、内容の理解度が落ちるから

3 メモの量が多すぎると、どれが重要なのかわからなくなるから

4 メモをとると安心して、何もかも忘れてしまいかねないから

68 ③忘れることがうまくなったとあるが、どういう意味か。

1 記録を残すことで、情報を覚えておくために使っていた頭脳をほかの事に使えるようになった。

2 記録を残すことで、覚えておくべき情報と忘れるべき情報の区別がつくようになった。

3 記録を残すことで、大切な情報とそうでない情報を素早く効率的に処理できるようになった。

4 記録を残すことで、不必要な情報だけでなく必要な情報も忘れてしまいやすくなった。

問題12 次のAとBの文章を読んで、後の問いに対する答えとして最もよいものを、
1・2・3・4から一つ選びなさい。

A

　先日、高校2年生の姪より、大学進学に関しての相談を受けました。姪の話では、最近の高校生は明確な目標がないけれど、とりあえず大学に行こうと考えている人が多いそうです。姪はそのことについて疑問を持っていました。

　私自身は、大学は中途半端な気持ちで行くべきではないと考えています。人生で必要なのは目標です。大学に行く前にまずは、自分の興味、関心のある事柄を深く追求してみるのもいいと思います。「目標」というのはそれらの延長線上にあるものなので、追求していけば、自然と「目標」につながるはずです。そして、これだ、という目標が見つかった時点で、大学での勉強が必要だと思ったら、大学を目指せばいいのではないでしょうか。

B

　最近の高校生の傾向として、目標もなく大学に行くのは無駄だという考えがあるようです。その背景には教師や両親の言うとおりにしたくないという、若者ならではの反抗心があるように思われます。もし私が人生の先輩として彼らに助言するとすれば、それはただの若いときの一時の感情でしかないということです。年長者が大学に行けと言うのはちゃんとした理由があるのです。なぜならば、彼らも今の若者と同じ道を通ってきたのですから。その彼らが言うことに、「目標」のない若者が反論することができるのでしょうか。大学へ行けば様々なことを学び、「目標」をみつけることができるかもしれません。それはあなたの人生における財産となるでしょう。

69 ＡとＢの意見が一致しているのはどれか。

1 最近の高校生は大学に行きたがらない。

2 人生において目標を持つことは重要だ。

3 年長者の言うとおりに進学するべきだ。

4 若いときにいろいろなことを体験すべきだ。

70 ＡとＢは大学進学についてどのように述べているか。

1 ＡもＢも、目標のあるなしにかかわらず大学に行くように述べている。

2 ＡもＢも、目標をはっきりさせてから大学に行くべきだと述べている。

3 Ａは別の目標があれば大学は行かなくていい、Ｂは目標があっても行くべきだと述べている。

4 Ａは必要性を感じたら行けばいい、Ｂは目標をさがすためにも行くべきだと述べている。

問題13 次の文章を読んで、後の問いに対する答えとして最もよいものを、1・2・3・4から一つ選びなさい。

「勉強すると頭が良くなる」ということは意外に見落とされているが、「なぜ勉強をするのか」という問いへの一つの端的な答えである。運動すると運動神経が良くなる。

運動部に入って何年かやっていると、元はそんなに動きが良くなかった人でも、ある程度、体が動くようになる。それと似ている。勉強すると頭が良くなる。頭がよくなると同時に心のコントロールもうまくいくようになる、というのが大方の筋道だ。

（中略）

勉強というものをすることによって、ある種の自制心という、メンタルコントロール（心の制御）の技術も学ぶことができる。そういう心の技がセットで付いてくるわけである。これは言ってみると人類の長年の知恵である。

考えてみれば①当たり前のことにすぎない。勉強するということの基本は、人の言うことを聴くことである。耳を傾けて我慢して聴くという心の構えが求められる。「おれが、おれが」という自己中心的・独善的な態度を一度捨てる必要がある。「自分に理解できないことは全部価値がない」という、自分の好きか嫌いかが世界をすべて決めるという態度では何も学べないのだ。

（中略）

もちろん反発しながら、ぶつかり合いながら、学ぶというやり方もないわけではない。そのテキスト（教材）と格闘してこれを絶対に否定してやろうと思ってやる、ということもないわけではないが、基本的には学ぶという活動は「素直さ」を育てるものである。だから勉強すればするほど意固地になっているとしたら、これは学び方がどこか狂っているのではないか。偏狭な考えになっていくようでは、②学んでいる甲斐がないことになってしまう。

（中略）

「頭がいいから勉強ができる」とか、「頭が悪いから勉強ができない」などとよくいうが、そういう考えはあまり発展性のある考え方ではない。実際、「頭の良さ」

はトレーニングによって明白に向上する。「頭」と私たちが思っているものはもちろん情報の高速処理もあるが、おもに (注)文脈をつける力を指していることが多い。その文脈をつける力というのは、やればやるほど伸びていくものなのだ。

　勉強というものはそういう意味で、まず頭を良くするし、ある程度自制心を持って心をコントロールするということに大変役立つ。もちろん、その上に知識そのものの価値ということが乗っかってくる。

（齋藤孝『教育力』岩波新書）

（注）文脈：ここでは、物事がそうなっているわけ、道理

71　何が、①当たり前のことにすぎないのか。

1　勉強する時は人の言うことをよく聴かなければならないこと

2　勉強する時は自分の好き嫌いを言ってはいけないこと

3　勉強すると頭が良くなり、成績が上がること

4　勉強することで、感情を調節することができるようになること

72　②学んでいる甲斐がないことになってしまうのは、どのような場合だと筆者は述べているか。

1　自己中心的な考えを捨てて、真剣に学んでいる場合

2　自分の狭い考えだけで判断しながら学んでいる場合

3　勉強すればするほど成績が悪くなっている場合

4　学ぶことによって素直な人間に成長している場合

[73] 筆者は、勉強についてどのように述べているか。

1 頭の良い人が性格の良い人だと評価されるので、勉強はしたほうがいい。

2 知識そのものに価値があり、どんなことでも学ぶことは良いことだ。

3 どんな人でも頑張れば結果が出るので、頭が悪いとあきらめることはない。

4 勉強をすることには、知識を増やし自制心と文脈力を育てるという効果がある。

次のページに問題14が続きます。

問題14　右のページは、ある市立図書館の出張サービスコーナーの案内である。下の問
　　　　いに対する答えとして最もよいものを、1・2・3・4から一つ選びなさい。

74　今日、Aさんにある本の予約連絡メールが届いた。この本を次に予約しているBさん
　　は、最も長くて何日間待たなければならないか。

　　1　2週間

　　2　3週間

　　3　4週間

　　4　5週間

75　サービスコーナーを利用するためには、どのような順で登録をしなければならない
　　か。

　　1　パスワード登録　→　図書館利用登録　→　メールアドレス登録

　　2　パスワード登録　→　メールアドレス登録　→　図書館利用登録

　　3　図書館利用登録　→　パスワード登録　→　メールアドレス登録

　　4　図書館利用登録　→　メールアドレス登録　→　パスワード登録

青山地区センター

図書サービスコーナーのご案内

みどり市立図書館の蔵書の予約、受け取り、返却ができます

図書の申し込みから受け取りまで

① 図書館ホームページで予約申し込み　⇒ 受け取り場所は「青山地区センター」を選択

② 図書館から準備完了後、電子メールでお知らせ

③ 図書館カードを持って図書サービスコーナーへ

　　月〜金 7:30 〜 19:00　土曜日 9:00 〜 17:00

ご利用にあたって

★ 図書の貸し出しは１人６冊まで。貸し出し期間は２週間です。

★ 図書の受け取りは予約連絡メールが届いてからサービスコーナーへお越しください。

　（予約図書の取置期間は電子メール送信日から１週間）

★ 図書の受け取りには市立図書館の図書館カードと、パスワード、及びメールアドレスの

　 登録（図書館ホームページからできます）が必要です。

★ 借りている図書の貸し出し延長手続きができます。他の人からの予約がない場合、返却

　 予定日までに申し込むと、申込日からさらに２週間、継続して借りられます。（１回限り）

★ サービスコーナーと区内の３駅（新町駅、大原駅、あさひ駅）に図書返却ポストがあります。

★ 本の返却が遅れると、図書の受け取りや、メール等での予約申し込みができません。

◆ パスワードの登録

　 − 図書館ホームページまたは図書館内利用者検索機で登録することができます。

　 − パスワードの登録には、図書館カード番号、電話番号、生年月日が必要です。

　 − 図書館カードを作っていない方は図書館窓口で利用登録をしてください。

◆ メールアドレスの登録

　 − 予約図書が用意できたことを電子メールで連絡します。

　 − メールアドレスはパスワードを登録した後に登録してください。

みどり市立図書館サービス課　　電話２３２−００ＸＸ

http://citymidori.xxxx

2회 청해 ────────────────────────────────

問題1

問題1では、まず質問を聞いてください。それから話を聞いて、問題用紙の1から4の中から、最もよいものを一つ選んでください。

1番

1　ダンボールをひもでしばる

2　食器を棚にしまう

3　ごみを捨てに行く

4　お茶を入れる

2番

1 取引先にメールを送る

2 営業部にあいさつに行く

3 後輩に資料をわたす

4 人事課で書類をもらう

3番

1 40,000円

2 55,000円

3 70,000円

4 85,000円

4番

1 58,000円

2 63,000円

3 68,000円

4 70,000円

5番

1 入会金と授業料と免許証

2 授業料と印鑑と保険証

3 授業料と印鑑と免許証

4 入会金と授業料と印鑑と保険証

問題2

問題2では、まず質問を聞いてください。そのあと、問題用紙のせんたくしを読んでください。読む時間があります。それから話を聞いて、問題用紙の1から4の中から、最もよいものを一つ選んでください。

1番

1 行き先が決まらなかったから
2 就職活動があるから
3 予定が合わなかったから
4 お金がないから

2番

1 席が空いていないから

2 コース料理を頼まないから

3 店が予約を受け付けていないから

4 人数が少なすぎるから

3番

1 体が疲れているため

2 けがを防ぐため

3 筋肉をきたえるため

4 家でのんびりするため

4番

1　ＣＤがついていること

2　評論が読みやすいこと

3　写真がきれいなこと

4　特集が面白いこと

5番

1　手帳を持ち歩くこと

2　言われたことをメモすること

3　失敗を忘れないこと

4　怒られても落ち込まないこと

6番

1 十分な治療ができないから

2 治療にお金がかかるから

3 長い時間待たなければならないから

4 駅から遠くて不便だから

問題3

問題3では、問題用紙に何もいんさつされていません。この問題は、全体としてどんな内容かを聞く問題です。話の前に質問はありません。まず話を聞いてください。それから、質問とせんたくしを聞いて、1から4の中から、最もよいものを一つ選んでください。

― メ モ ―

<ruby>問<rt>もんだい</rt></ruby>問題４

<ruby>問<rt>もんだい</rt></ruby>問題４では、<ruby>問題用紙<rt>もんだいようし</rt></ruby>に<ruby>何<rt>なに</rt></ruby>もいんさつされていません。まず<ruby>文<rt>ぶん</rt></ruby>を<ruby>聞<rt>き</rt></ruby>いてください。それから、それに<ruby>対<rt>たい</rt></ruby>する<ruby>返事<rt>へんじ</rt></ruby>を<ruby>聞<rt>き</rt></ruby>いて、１から３の<ruby>中<rt>なか</rt></ruby>から、<ruby>最<rt>もっと</rt></ruby>もよいものを<ruby>一<rt>ひと</rt></ruby>つ<ruby>選<rt>えら</rt></ruby>んでください。

― メ モ ―

問題 5

問題5では長めの話を聞きます。問題用紙にメモをとってもかまいません。

1番、2番

問題用紙に何もいんさつされていません。まず話を聞いてください。それから、質問とせんたくしを聞いて、1から4の中から、最もよいものを一つ選んでください。

3番

まず話を聞いてください。それから、二つの質問を聞いて、それぞれ問題用紙の1から4の中から、最もよいものを一つ選んでください。

質問1

1　一般コース初級

2　一般コース中級

3　ビジネスコース

4　短期留学コース

質問2

1　一般コース初級

2　一般コース中級

3　ビジネスコース

4　短期留学コース

적중 모의고사

3회

JLPT
N2

問題1 ＿＿＿の言葉の読み方として最もよいものを、1・2・3・4から一つ選びなさい。

1 面接で、よい印象を与えるように努力した。

    1 いんそう   2 いんしょう   3 にんそう   4 にんしょう

2 他人を疑う前に、もう一度自分の持ち物を確認してください。

    1 うばう   2 のろう   3 うたがう   4 したがう

3 空港で厳重な警戒が行われている。

    1 けんじゅう   2 けんちゅう   3 げんじゅう   4 げんちゅう

4 毎月、家のローンを返済しなければならない。

    1 へんさい   2 へんざい   3 はんさい   4 はんざい

5 森の中に美しい泉がある。

    1 いけ   2 ぬま   3 いずみ   4 みなと

問題2 _____の言葉を漢字で書くとき、最もよいものを1・2・3・4から一つ選びなさい。

6 事故の<u>げんいん</u>は、スピードの出し過ぎだった。

  1 原困　　　　2 原因　　　　3 源困　　　　4 源因

7 老人を<u>うやまう</u>気持ちは自然に生まれるものではない。

  1 養う　　　　2 伴う　　　　3 整う　　　　4 敬う

8 雨で野球の試合が<u>えんき</u>になった。

  1 延其　　　　2 延期　　　　3 延其　　　　4 延期

9 会話の授業ではもっと<u>せっきょくてき</u>に話してください。

  1 積極的　　　2 積局的　　　3 績極的　　　4 績局的

10 カルシウム不足を<u>おぎなう</u>ために、毎日欠かさず牛乳を飲んでいる。

  1 争う　　　　2 従う　　　　3 伴う　　　　4 補う

問題3（　　　　）に入れるのに最もよいものを、1・2・3・4から一つ選びなさい。

11 偉そうな態度で横から話に割り（　　　　）なんて、あきれてものも言えない。

1　入る　　　　　　2　込む　　　　　　3　打つ　　　　　　4　合う

12 （　　　　）犯人が逮捕され、やっと彼の疑惑がはれた。

1　新　　　　　　　2　真　　　　　　　3　信　　　　　　　4　誠

13 すみません。今日の円の交換（　　　　）はいくらですか。

1　レート　　　　　2　プラン　　　　　3　レイアウト　　　4　プラス

14 図書館で大声でおしゃべりするなんて（　　　　）常識だ。

1　不　　　　　　　2　非　　　　　　　3　反　　　　　　　4　未

15 彼は（　　　　）社員から部長に一気に昇格したということだ。

1　並　　　　　　　2　平　　　　　　　3　旧　　　　　　　4　初

問題 4 （　　　　　）に入れるのに最もよいものを、1・2・3・4から一つ選びなさい。

16 映画のラストシーンは観客の涙を（　　　　　）。

 1　流した 2　連れた 3　誘った 4　運んだ

17 空港で荷物の（　　　　　）料金を払わされてしまった。

 1　通過 2　過剰 3　超過 4　超越

18 先生は教え方が上手なうえに、（　　　　　）もあるから、人気がある。

 1　タイプ 2　ユーモア 3　ハンサム 4　ロマンチック

19 田舎に引っ越して（　　　　　）に暮らしたいものだ。

 1　あざやか 2　おだやか 3　ゆるやか 4　さわやか

20 新しい企画が（　　　　　）進行している。

 1　いきいき 2　ぐんぐん 3　どんどん 4　わくわく

21 最近、空き巣の被害が増えているらしいから、うちも（　　　　　）しないと。

 1　執着 2　常備 3　懸念 4　用心

22 今日が初舞台なのだから、ミスしても（　　　　　）。

 1　つまらない 2　うたがわしい 3　しかたがない 4　のぞましい

問題5 ＿＿＿の言葉に意味が最も近いものを、1・2・3・4から一つ選びなさい。

23 のろのろ運転しているとかえって危ない場合もある。

　　1　急いで　　　　　2　ゆっくり　　　3　乱暴に　　　　4　無理に

24 機械がうまく動くかどうか、テストしてみた。

　　1　ためて　　　　　2　ためして　　　3　だまして　　　4　だまって

25 厚かましいお願いなのは分かっていますが、そこを何とかできないでしょうか。

　　1　ばかばかしい　　2　よわよわしい　3　ずうずうしい　4　かるがるしい

26 不況が長引き、倒産する会社が相次いでいる。

　　1　こわれる　　　　2　わかれる　　　3　つぶれる　　　4　やぶれる

27 警察はついに誘拐犯の行方をつかんだ。

　　1　居所　　　　　　2　居間　　　　　3　隠居　　　　　4　住居

問題6　次の言葉の使い方として最もよいものを、1・2・3・4から一つ選びなさい。

28　ついやす

1　ご飯をついやすのには時間がかかる。

2　子供を独立させ、やっと親の義務をついやした。

3　毎日30分を、聞き取りの練習についやしている。

4　試験が終わり、思う存分時間をついやすつもりだ。

29　不安

1　大学を卒業しても職に就けず、毎日が不安だった。

2　そんなことを言って人を不安させないでよ。

3　父は連絡もせず、帰りが遅かったので家族は不安した。

4　勤務時間が長いのでみなの不安が爆発した。

30　ちゃくちゃく

1　工事はちゃくちゃくと進み、ダムがついに完工した。

2　小学生なのに部屋がいつもちゃくちゃくと整理されている。

3　もう時間だから、ちゃくちゃくと準備しないと、間に合わないよ。

4　孫の遊んでいるのを見て時間がたつのは早いなあとちゃくちゃくと感じる。

31　省略

1　時間がないので、細かい話は省略する。

2　甘すぎるので、砂糖は省略してください。

3　明日は都合が悪いので省略させてもらいたい。

4　社長を省略しては会議は始められない。

32 からかう

1 妹の赤い傘をさしていたら、友達に<u>からかわれて</u>しまった。

2 子供は親から<u>からかわれ</u>ながら育つものだ。

3 帰りが遅くなり、父にさんざん<u>からかわれて</u>しまった。

4 犯人は世の中を<u>からかって</u>犯行に及んだと述べた。

問題7　次の文の（　　　　）に入れるのに最もよいものを、1・2・3・4から一つ選び
　　　　なさい。

33　今で（　　　　）携帯で手軽に写真がとれるようになったが、昔は重いカメラを持ち
　　歩かなければならなかった。

　　　1　のみ　　　　　　2　こそ　　　　　　3　すら　　　　　　4　ほど

34　少子化問題を解決するために政府は3人目の子供から1人（　　　　）月3万円の児
　　童手当を支給する予定だ。

　　　1　により　　　　　2　につき　　　　　3　につれ　　　　　4　にとって

35　出張で大阪に行った（　　　　）親戚の家に寄って夕飯をご馳走になった。

　　　1　うちに　　　　　2　とちゅうで　　　3　なかで　　　　　4　ついでに

36　おっしゃることは分かりますが、やはりその意見には賛成いたし（　　　　）。

　　　1　かねます　　　　2　かねません　　　3　きれます　　　　4　きれません

37　古いラジカセを修理したいが、部品がないので直し（　　　　）。

　　　1　ようだ　　　　　2　ようがない　　　3　ところだ　　　　4　ところではない

38　部長がお帰りになるまで、こちらで（　　　　）よろしいでしょうか。

　　　1　待たれていただいても　　　　　　2　待たれていただけても

　　　3　待たせていただいても　　　　　　4　待たせていただけても

39 大丈夫ですよ。みんな優しい人ですから、何も心配（　　　　　）。

1　しないものです

2　するものではありません

3　しないことです

4　することはありません

40 先生、卒業論文のテーマの件で（　　　　　）んですが、お時間いただけませんか。

1　拝見したい

2　ご覧になりたい

3　お会いしたい

4　お会いになりたい

41 お金を貯めて高級ブランド品を買ったが、数日も経たないうちに故障してしまった。消費者にしたら（　　　　　）。

1　裏切った気持ちだろう

2　裏切られた気持ちだろう

3　感謝する気持ちだろう

4　感謝される気持ちだろう

42 もう何回もお金を借りているから、また貸して（　　　　　）。

1　くれと言うわけにはいかない

2　くれと言わないわけにはいかない

3　あげると言うわけにはいかない

4　あげると言わないわけにはいかない

43 家族を心配（　　　　　）気持ちから、会社を辞めたことは言わずにおいた。

1　するまいとする

2　させまいとする

3　しかねるとする

4　させかねるとする

44 一流大学を卒業して高い給料をもらっているからといって幸せ（　　　　　）。

1　だとばかりはいわない

2　だとばかりはいえない

3　だけだったといわない

4　だけだったといえない

問題8 次の文の___★___に入る最もよいものを、1・2・3・4から一つ選びなさい。

（問題例）　きのう ＿＿＿＿ ＿＿＿＿ ＿＿★＿ ＿＿＿＿ はとてもおいしかった。

　　　　　1　母　　　　　2　買ってきた　　　3　が　　　　4　ケーキ

（解答の仕方）

1. 正しい文はこうです。

きのう ＿＿＿＿ ＿＿＿＿ ＿＿★＿ ＿＿＿＿ はとてもおいしかった。
　　　1　母　　3　が　　2　買ってきた　4　ケーキ

2. ___★___ に入る番号を解答用紙にマークします。

（解答用紙）　（例）　① ● ③ ④

---

45 本当に腹が立って、＿＿＿＿ ＿＿＿＿ ＿＿★＿ ＿＿＿＿ ほどだった。

　　1　殴って　　　　2　殴れる　　　3　ものなら　　　4　やりたい

46 彼女は親が反対 ＿＿＿＿ ＿＿＿＿ ＿＿★＿ ＿＿＿＿ 戦場へ取材に行った。

　　1　も　　　　　2　の　　　　　3　かまわず　　　4　する

47 先生に手紙を ＿＿＿＿ ＿＿＿＿ ＿＿★＿ ＿＿＿＿ 忙しくて書かないままに
なっている。

　　1　と思い　　　2　書こう　　　3　つつ　　　　4　つい

48 連休はどこに行ってもきまって混み合うから、外出 _____ _____ _____ ★
_____ 家でゆっくりしたい。

1 むしろ　　　　　2 なんか　　　　3 よりも　　　　4 する

49 仲良しの友達と _____ _____ ★ _____ _____ 楽しいことはない。

1 する　　　　　2 こと　　　　　3 旅行　　　　　4 ほど

問題9　次の文章を読んで、文章全体の内容を考えて　50　から　54　の中に入る最もよいものを、1・2・3・4から一つ選びなさい。

　　ある言語が他の地域との共通語になる　50　、その言語を話す人の数とはほとんど関係がない。それよりも、その言語を話す人がどういう立場にあるかということのほうがはるかに重要である。ラテン語はローマ帝国のすべての地域で共通語になったが、このことは、ローマ人のほうが彼らが征服した人々よりも数が　51　。ローマ人のほうがより強力だったからである。後に、ローマ人の軍事力が衰えたときも、ラテン語は一千年もの間、教育における共通語として残ったが、それは違う意味での力、　52　ローマ・カトリックという宗教の力の　53　。

　　言語の優位性と、経済的・技術的・文化的な力の間にも非常に密接な結び付きがある。どのような種類のものであろうと、強力な力という基盤がなければ、いかなる言語もコミュニケーションの国際的な媒体として発達することはできない。要するに言語は、その言語を使う人の脳・口・耳・手・目の中に存在しているということなのだ。

　　言語を使う人が国際的な舞台で成功すれば、その言語は　54-a　。使う人が成功しなければ、その言語は　54-b　。

50
1　かどうかは　　　　　　　　　2　かのうちに

3　からには　　　　　　　　　　4　からこそ

51
1　多くなかったからだ　　　　　2　少なかったからではなかった

3　少なくなかったからだ　　　　4　多かったからではなかった

52
1　すなわち　　　　　　　　　　2　いわば

3　しかも　　　　　　　　　　　4　そればかりか

53
1　せいだった　　　　　　　　　2　おかげだった

3　次第だった　　　　　　　　　4　最中だった

54
1　a　成功する　　　　b　成功する

2　a　成功する　　　　b　成功しない

3　a　成功しない　　　b　成功する

4　a　成功しない　　　b　成功しない

問題10　次の(1)～(5)文章を読んで、後の問いに対する答えとして最もよいものを、
　　　　1・2・3・4から一つ選びなさい。

(1)

> 　パソコンが、体に障害を持つ人たちにとって革命的な道具となっている。起き
> 上がることができず、一生をベッドの上で過ごさなければならない人が、パソコ
> ンによって外部の人と交流できるようになったのだ。今では障害者用のパソコン
> がたくさん開発されている。ベッドの上から自分の思いを発信する。芸術的な才
> 能を発揮して世界中から感動を集めている人もいる。パソコンを使い始めてから、
> 自分も生きているのだと感じるようになったと、ある障害者は語った。これこそ
> 文明の役割だ。

55　筆者は、文明の役割をどのようにとらえているか。

　　1　どんな人でも芸術的な才能が発揮できるようになること

　　2　どんな状況でも生きている実感を持つようになること

　　3　体が不自由な人も外出できるようになること

　　4　どこにいても相手の意見を受信できるようになること

(2)

　　良い映画を作るには良いチームワークが必要だ。監督1人ではできないし、俳優1人でもできない。あらゆる立場の人が力を合わせてはじめて映画へと仕上がる。1人で小説を書いていたときには分からなかった苦労があり喜びがある。これは、映画監督デビューをした、ある小説家の話である。逆に1人で小説を書くときには自分の意志のままに表現できるため、自分なりの思想が磨かれていくという。1人での仕事とチームワークでの仕事、どちらにも大きな意味がある。

56 映画を作ることには、どのような意味があると述べているか。

　　1　自分の思いを自由に表現することで、自分自身の信念が深まる。

　　2　人との協力があってこそ良い結果が出ることを学べる。

　　3　1人では分からなかったことが見えるので小説を書くのに役立つ。

　　4　チームワークが大切なので、自己中心的な考えを反省できる。

(3)

　　性格の合わない相手がいたら、どうしたらいいでしょうか。子どもの頃は、そういう人とは付き合わなくても良かったのですが、大人になると、社会生活のためには我慢してでも付き合わなければならなくなります。そこでお勧めしたいのは、好き嫌いは考えずに、良いところを5つ見つけることです。どんな人にだって良いところは必ずありますし、ほめられてイヤな気持ちになる人もいません。そうすると意外と仲良くなったりすることもあるものです。

57 性格の合わない人とも意外と仲良くなったりするのはなぜか。

1　好き嫌いを考えなければ、良いところが見えてくるから

2　好き嫌いを考えなければ、イヤな気持ちが消えるから

3　良いところもあると思えば、相手にほめられるから

4　良いところもあると思えば、お互いに気分が良くなるから

（4）

　　学説は破るためにあると考えるのが自然科学の立場です。物事（ものごと）の一面だけを見て判断し、既にある研究結果や常識に執着（しゅうちゃく）するのは間違いです。表（おもて）から裏から、横から、様々な角度から見る努力をしなければなりません。だいたい、この不思議な宇宙全体を人間が全て把握（はあく）できるわけがないのです。常に新しい発見の連続です。科学者にプロはいません。全員が、宇宙から見たらアマチュアです。謙虚に自然科学と向き合っていくのが、科学者としての姿勢です。

58　ここでは、学説とはどのようなものか。

　1　いろいろな視点から見て発見した、新しい研究結果

　2　宇宙の全てを把握（はあく）するのに役立つ、過去の研究結果

　3　ある対象の一部分に対する、現在の時点での研究結果

　4　謙虚に向き合うことで生み出した、素人（しろうと）の研究結果

(5) 以下は、ある会社が取引先に出した文書である。

カミサク株式会社

経理部 御中

株式会社タカツ

営業部　川崎 なる実

拝啓　(注)貴社ますますご発展のこととお喜び申し上げます。

　平素は、格別のお引き立てを賜りまして、厚く御礼申し上げます。

さて、先月に貴社より納品していただきました分の、納品代金の請求書が届いて

おりません。至急お調べのうえ、お送りくださるようお願い申し上げます。

　なお、貴社へのお支払いは、月末締めの翌月10日払いとなっておりますが、今

月末までに請求書が到着しない場合は、お支払いが翌々月になってしまうことを

ご承知下さい。

　お忙しいところ大変に恐れ入りますが、どうぞ宜しくお願い申し上げます。

敬具

(注) 貴社：相手の会社

59　この文書が最も伝えたいことは何か。

1　請求書がまだ来てないようなので調べてほしい。

2　請求書がまだ来てないので早く送ってほしい。

3　先月に納品してもらった代金を来月10日に支払う。

4　請求書が到着しないので来月10日には支払えない。

次のページに問題11が続きます。

問題11 次の(1)〜(3)文章を読んで、後の問いに対する答えとして最もよいものを、1・2・3・4から一つ選びなさい。

(1)

　子どもの遊びというのは面白い。大人から見ると、それは時に天才的だとさえ感じる。そして、かつては自分もそういう子どもの一員だったのかと思うと何だか信じがたい。

　子どもたちの単純な遊びの1つに「鬼ごっこ」がある。1人が鬼となり、残りの子はスタートと同時にできるだけ鬼から離れようと逃げていく。鬼は子を追いかけ、誰かの体の一部分にさわれば、普通の子に戻れる。さわられたほうは鬼となり、誰かをつかまえようと追いかけ始める。これを繰り返していくだけの遊びだ。それだけのことが、なぜあんなにも楽しかったのか、なぜあんなに走り回ることができたのか、大人になって思い出すと、不思議である。そしてもっと不思議なことは、この遊びがいつ終了するのかが決まっていないことである。疲れる、飽きる、家に帰る時間が来るなどの理由で自然に終了する。誰かが、「おなかがすいた」「家に帰らなきゃ」などと言うと、別の子どもたちも待っていたかのように、おなかがすいたり、家に帰りたくなったりする。ものすごい連帯感だ。大人は、いつ終わるか分からないことに対してはイライラしてしまうのに。

　昔の自分の姿を考えると、自分という人間ではないような気がする。普段は、自分が変化していると感じることは少ないが、過去を振り返ると、今とは確実に違う自分が存在していた。あのエネルギーはいったいどこへ行ってしまったのだろうか。

60 <u>信じがたい</u>とあるが、何が信じがたいのか。

　　1　子どもが、大人には真似できない遊び方を知っていたこと

　　2　天才だった子どもが、成長して普通の人になってしまったこと

　　3　よく考えると退屈なものなのに、子どもは本当に面白いと思っていること

　　4　今考えれば自分が大人の想像を超える遊びの一員だったこと

61 筆者は、何が一番不思議だと感じているか。

　　1　いつ終わるのか、前もって言わなくても皆が知っていること

　　2　いつ終わるのか、前もって決まってなくても楽しめること

　　3　いつ終わるか分からないとイライラしてしまうこと

　　4　いつ終わるかが決まっているとイライラしてしまうこと

62 この文章で筆者が言いたいことは何か。

　　1　目の前のことに夢中になれる子どもがうらやましくてしかたがない。

　　2　大人はイライラすることばかりなので、子どもの頃が一番良かった。

　　3　自分にも子どもの時代があったことを思うと、とても懐かしい。

　　4　同じ自分なのに、なぜ子どもの頃のようなエネルギーがないのか分からない。

(2)

　「自由」という状態が実は大きなストレスを生んでいる。自由というと、束縛から解放され、とても素晴らしいことのように思える。しかし実際は、言われたことに素直に従っている時のほうが疲れないのである。頭を使う必要もないし、従っていれば評価もされる。

　人は何かを自分で選択する場合、大きなエネルギーを使う。自分にとって必要なものは何か、本当にこれでいいのか、いろいろ考えなければならない。むしろ誰かが命令してくれたほうが楽なのに、と思うことさえある。それほど人は、自分で選択するということに恐怖を感じる。まして現代は情報があふれていて、その中から自分に必要なものを集め、分析し、決定するのはとても困難なことである。しかも、情報の選び方というものを誰も教えてくれない。訓練を全く受けていない状況で社会の中に放り出されてしまうのだ。これでは精神を病んでしまうのも仕方ない。

　学校では、とにかく良い成績をとることが目的だった。実際に良い成績をとれば評価された。そうやって育った子どもが、大人になると突然、自分の人生を選ばなければならないのだ。自由を求めて頑張ってきた結果、その自由によって苦しめられてしまう。とても (注)理不尽だ。しかし、それでも人は、このストレスと上手に付き合っていくしかない。自由であることを楽しんでいくしかないのだ。

(注) 理不尽：道理に合わないこと

63 大きなストレスを生んでいるとあるが、それはなぜか。

1 誰からも何も言われない分、自分で責任を持つ必要があるから

2 束縛から解放される代わりに、評価を受けられなくなるから

3 誰かに何かを命令されても、それに従ってはいけないから

4 自分で考えたことよりも、誰かに言われた意見のほうが正しいから

64 筆者は、子どもと大人の違いを、どのように説明しているか。

1 子どもの頃には評価されたことも、大人になると評価されない。

2 子どもは命令に素直に従えるが、大人は心を病んでしまう。

3 子どもは考えなくてもいいが、大人は考えなければならない。

4 子どもは自由に考えることができ、大人は考えることが怖い。

65 「自由」について、筆者が言いたいことは何か。

1 ストレスが多いだけで、必ずしも必要なものではない。

2 自分で選択する能力のある人だけが、求めるべきである。

3 いやでも避けられないことであり、人生をあきらめるしかない。

4 思ったより大変なことだが、それを喜べる自分になるしかない。

(3)

　普段、毎日のように使っている石けん。考えてみれば動物は水だけで体を洗っているので、石けんを使ってきれいに洗い流すのは人間だけです。清潔さを求めるというのは人間の特性なのでしょうか。ただそれには、環境を汚してしまうという欠点があります。①人間らしさと良い環境とは一致しないものなのでしょうか。今では地球に優しい石けんもあるので、できれば環境を汚さないものを使いたいものです。

　さて、そんな石けんですが、実は昔、肉を焼いていたときに②偶然、発見されたものだといわれています。肉から落ちた脂肪の油で、汚れが落ちることを知ったのです。そのため、神に捧げる羊を焼いていた「サポー」という丘の名前が英語の「ソープ」の語源になりました。また、12世紀に石けんの製造をしていたイタリアのサボンという地域名が、フランス語の「サボン」、ポルトガル語の「シャボン」の語源になっています。日本に伝わったのは16世紀で、鉄砲が伝わったのと同じ時期でした。ポルトガルから伝えられたため、日本でも長い間「シャボン」と呼ばれたのです。

　疲れた体の汚れを洗い落とし、石けんの香りに包まれると、とても良い気分がします。石けんに花の香りを混ぜているからです。偶然の発見から、花の香りのする石けん、地球に優しい石けん作りにまで発展し、まるで人間の知恵の戦いをあらわしているようですね。人間らしさと、良い環境とが共存できる社会になることも夢ではないと思います。

66 ①人間らしさと良い環境とは一致しないとは、どういうことか。

1 体を洗うのは人間だけなので、自然界と共存できないこと

2 環境を汚したくないけど、地球に優しい石けんは使いたくないこと

3 環境に影響を与えずに人間の欲求を満足させるのが難しいこと

4 人間の心のなかに、環境を汚したくないという意識がないこと

67 ②偶然、発見されたとあるが、何が発見されたのか。

1 肉から出る油で石けんを作ることができるということ

2 石けんの起源が、神への儀式を行なった場所であること

3 肉から油が落ちるのと同時に汚れも落ちるということ

4 肉を焼いたときに出る油が、汚れ落としに役に立つこと

68 筆者は石けんについてどのように考えているか。

1 人間の疲れた心と体を洗うには、花の香りのするものが最高である。

2 人間にとって良くても環境には悪いので、必要のない発見であった。

3 人間の知恵は発展するので、環境を守りながら使うことも可能だろう。

4 人間と環境とが共存できる社会の実現が、人間にとっての夢である。

問題12 次のAとBの文章を読んで、後の問いに対する答えとして最もよいものを、
　　　　1・2・3・4から一つ選びなさい。

A

　　短距離走をやっていて楽しいのは、前回の記録を更新できたときだ。地味な練
習を毎日続け、意味のないことをやっているように感じることもある。その苦し
みを乗り越え、いざ本番になると自分の体がこれまで以上に軽いことを感じる。
そして、最高の記録が出る。言葉では言い表せない感動である。長距離走とは違い、
短い距離ですぐに勝負が決まってしまうため、スタートダッシュの一瞬が一番緊
張するのだが、それに成功すればあとは風に乗って飛んでいるような感覚になる。
試合のときにはそれに加えて、お客さんからの声援がある。自分の名前を呼ぶ声
に包まれて走るのは何とも言えない快感だ。これまでの苦労をみんなが分かって
くれているようで嬉しくなる。

B

　　僕にとっての短距離走の魅力は、何といってもその練習段階にある。たった数
秒で勝負が決まるという、その瞬間のために、何か月間も苦しい練習を続けるのだ。
少しずつ自分の記録が伸びていくのが楽しいし、早く走る方法を発見したときに
は感動して眠れなくなることもある。たった一瞬のために、こんなにも努力して
いる自分を不思議に思う。長距離マラソンは、抜いたり抜かれたり、途中にいろ
いろなドラマがあって面白いが、それでも僕はやはり短距離が好きだ。一瞬に全
力を注ぐ緊張感。その一瞬を目指して頑張り続ける苦しみ。そしていざ試合で走
るとき、実は今までのなかで一番、時間を長く感じる。一瞬が一瞬ではなくなる、
その快感が忘れられず、また次を目指す。

69 AとBの意見が一致しているのはどれか。

1 短距離よりも長距離のほうが楽しい。

2 試合のときに声援を受けるのは快感だ。

3 練習は苦しいけど、新記録が出ると感動する。

4 練習は楽しいけど、とても緊張する一瞬がある。

70 AとBは試合のことをどのように述べているか。

1 AもBも、練習より試合のほうが緊張すると述べている。

2 AもBも、練習より試合のほうが良い記録が出ると述べている。

3 Aは試合では時間が短く感じると述べ、Bは試合では時間が長く感じると述べている。

4 Aは試合では体が軽く感じると述べ、Bは試合では時間が長く感じている。

問題13 次の文章を読んで、後の問いに対する答えとして最もよいものを、1・2・3・4から一つ選びなさい。

学ぶことは大事であり、学んだ分だけ人生と社会が見えるようになる。それは誰もが知っている。知ってはいるが、では自分は何のために学ぶのかと、ふと自分のこととして考えてみると、不審を抱いてしまうものだ。子どものころ、「電卓があるのになぜ算数を勉強するの？」「外国に行くつもりはないのになぜ英語が必要なの？」と先生に質問した人もいるだろう。そして大体の場合、満足な答えは得られない。「勉強が子どもの仕事だから」「いい学校に入れないから」——このような答えを聞くと子どもは失望してしまう。

学ぶ目的として一番に言われることは、「生活するのに役立つ」ということである。これはどんな勉強にも当てはまるし、納得がいく。しかし、何かが足りない。どうしても満足できない。それは、やりたくないことをやる理由を、無理やり探しているという姿勢があるからだろう。確かに、何をするにも理由は大事だ。せっかく勉強したことを悪いことに利用してしまっては意味がない。目的を見失ってはならないのだ。かといって、「Aが必要なのはBのためだ」という言葉には、Aの本質が無視されているように感じる。BがなければAの存在する意味もなくなってしまうのだ。生活のために勉強するというのは、生活を勉強よりも優先している。自分自身とは全く関係なく、自分の外に理由があると感じる。社会生活を完璧にすることが目的であるならば、自分という人間は何のためにいるのか、何のために社会生活をするのかという新たな疑問を増やすだけである。役に立つかどうかを基準にするなら、いつも利害だけを考えて学ばなければならない。これではヤル気も出ない。

質問を変えてみよう。人はなぜ旅行をしたり映画を見たりするのか。それは、感動をしたいからではないだろうか。誰だって、何をするときも感動や喜びを求めている。同じように勉強も、やはり「感動」が大事だと思う。昔のある研究者は、ある法則を風呂のなかで発見したとき、「見つけた！」と叫びながらそのまま裸で走りまわったという。少し大げさな話ではあるが、分かった喜び、発見した喜びとはそれほど大きいものであり、感動するものである。勉強自体に感動し、生きている喜びを感じること。これこそ人生の貴重な「学び」である。

71 筆者は、何に対して不審を抱いているのか。

1 皆が言っている学ぶ理由は、言い訳に過ぎないのではないか。

2 皆は納得しているのに、なぜ自分だけ納得できないのか。

3 本当に学んだ分だけ人生が分かるようになるのか。

4 勉強が子どもの仕事だというのはどういうことか。

72 筆者は、「生活するのに役立つ」という目的を、どのようにとらえているか。

1 役に立つ勉強をするのは当然のことである。

2 生活の本質を無視しているようで納得できない。

3 勉強しなければ生活する意味がないというのはおかしい。

4 自分という人間を無視しているようで意欲が下がる。

73 筆者は、学ぶことについてどのように述べているか。

1 学ぶことよりも、生きている喜びを感じることが大切である。

2 学んだことが自分の利益につながったときの喜びが大切である。

3 学ぶこと自体が喜びであると知ることが本当の学びである。

4 走りまわるくらいに喜びを表現することが本当の学びである。

問題14　右のページは、みはや村で開かれるマラソン大会の案内である。下の問いに対
　　　　する答えとして最もよいものを、1・2・3・4から一つ選びなさい。

[74] 増谷由美さん（女性）は10kmに申し込んだ。次のうち何時に行けば受付が可能か。

　　　1　7時30分

　　　2　8時30分

　　　3　9時

　　　4　9時30分

[75] 参加者の次の要望のなかで、村が対応してくれるものはどれか。

　　　1　競技中に財布がなくなったので、みはや村に抗議したい。

　　　2　自分で作ったイラスト入りのナンバーカードを使用したい。

　　　3　急きょ参加できなくなったのだが、記念Tシャツがほしい。

　　　4　時間がないので、ホームページから申し込みしたい。

◇ みはや村マラソン大会　実施要項 ◇

【大会概要】

◆ 開催日　　　20XX年8月24日

◆ 大会日程

・8時より受付開始。ナンバーカード通知書を提示し、ナンバーカードを受け取って下さい。

・スタート／女子10km：午前9時

　　　　　　女子5km：午前9時30分

　　　　　　男子20km：午前10時

　　　　　　男子10km：午前10時30分

30分前になってもナンバーカードを受け取りに来ない方は失格となります。

◆ 参加資格

・健康に自信のある18歳以上の男女

◆ 申込方法

・パンフレットに付いている応募用紙に必要事項をご記入の上、郵送してください。

・FAXでも申し込みできます。FAX申込書をご利用下さい。

◆ 競技者義務

・ナンバーカードを受付で必ず受け取ってください。自分で作成したものは使えません。

・ナンバーカードはゴール後に回収致します。紛失、未返却の場合は、2,000円を負担していただきますので、ご了承下さい。

・審判員又は、医師が競技不能と判断し、競技中止を指示した場合は、それに従って下さい。

・記念Tシャツのサイズの記入漏れはすべて「LLサイズ」とさせていただきます。また、参加申込みをされて、都合により大会当日に走れない方は「ナンバーカード引換証」と交換で記念Tシャツを配布します。事務局からの発送はいたしません。

◆ 確認事項

・主催者において、参加者全員をイベント保険に一括加入しますが保険の適用外は自己負担となります。

・主催者は、競技中の事故は一切の責任を負いません。

・貴重品等については、各自の責任において保管して下さい。

・雨天による大会開催の可否については、午前7時以降に、みはや村担当課に電話で問い合わせてください。

・どのような理由でも、一度ご入金された申込金は返却いたしません。

問題1

問題1では、まず質問を聞いてください。それから話を聞いて、問題用紙の1から4の中から、最もよいものを一つ選んでください。

1番

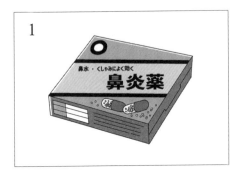

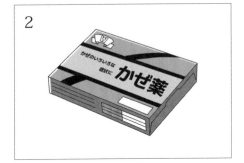

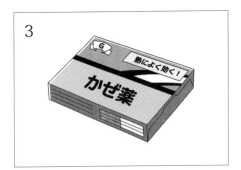

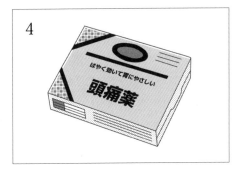

2番^{ばん}

1 写真学校^{しゃしんがっこう}

2 ホテル

3 展示会場^{てんじかいじょう}

4 女の人の家^{おんなひといえ}

3番^{ばん}

1 振り込み用紙に記入する^{ふこようしきにゅう}

2 番号札を取る^{ばんごうふだと}

3 椅子に座って待つ^{いすすわま}

4 窓口へ行く^{まどぐちい}

4番

1 ホテルを予約する

2 飛行機のチケットをとる

3 ツアーに申し込む

4 休みの日を確認する

5番

1 4階

2 5階

3 6階

4 8階

問題2

問題2では、まず質問を聞いてください。そのあと、問題用紙のせんたくしを読んでください。読む時間があります。それから話を聞いて、問題用紙の1から4の中から、最もよいものを一つ選んでください。

1番

1　食べ物が安いこと

2　街がきれいなこと

3　人が親切なこと

4　街が安全なこと

2番

1 気軽に食事ができること

2 ソムリエがワインを選ぶこと

3 シェフと話ができること

4 良い食材を使うこと

3番

1 食事をきちんととる

2 家でも毎日勉強する

3 積極的に発言する

4 友だちと仲良くする

4番

<ruby>番<rt>ばん</rt></ruby>

1 <ruby>木曜日<rt>もくようび</rt></ruby>

2 <ruby>金曜日<rt>きんようび</rt></ruby>

3 <ruby>月曜日<rt>げつようび</rt></ruby>

4 <ruby>火曜日<rt>かようび</rt></ruby>

5番

<ruby>番<rt>ばん</rt></ruby>

1 コンサートチケットが<ruby>高<rt>たか</rt></ruby>いこと

2 ＣＤが<ruby>売<rt>う</rt></ruby>り<ruby>切<rt>き</rt></ruby>れてしまったこと

3 サインしてもらえなかったこと

4 <ruby>舞台<rt>ぶたい</rt></ruby>がよく<ruby>見<rt>み</rt></ruby>えなかったこと

6番

1　前の資料が見つからないから

2　資料の内容が間違っているから

3　資料に追加する情報があるから

4　資料の表紙を変更したいから

もんだい
問題 3

問題3では、問題用紙に何もいんさつされていません。この問題は、全体としてどんな内容かを聞く問題です。話の前に質問はありません。まず話を聞いてください。それから、質問とせんたくしを聞いて、1から4の中から、最もよいものを一つ選んでください。

― メ　モ ―

問題4では、問題用紙に何もいんさつされていません。まず文を聞いてください。それから、それに対する返事を聞いて、1から3の中から、最もよいものを一つ選んでください。

― メ モ ―

問題5

問題5では長めの話を聞きます。問題用紙にメモをとってもかまいません。

1番、2番

問題用紙に何も印刷されていません。まず話を聞いてください。それから、質問とせんたくしを聞いて、1から4の中から、最もよいものを一つ選んでください。

3番
ばん

まず話を聞いてください。それから、二つの質問を聞いて、それぞれ問題用紙の1から4の中から、最もよいものを一つ選んでください。

質問1

1　『田中家の人々』

2　『愛のかたち』

3　『３．１１』

4　『風にも負けず』

質問2

1　『田中家の人々』

2　『愛のかたち』

3　『３．１１』

4　『風にも負けず』

적중 **모의고사**

4회

JLPT
N2

4회 언어지식(문자·어휘·문법)

問題1 _____の言葉の読み方として最もよいものを、1・2・3・4から一つ選びなさい。

1 店員は、「お客様の立場で考える」ことが大事だ。

    1 りつじょう   2 りつば   3 たちじょう   4 たちば

2 この50年間でコンピューターの技術は大きく進歩した。

    1 しんほ   2 しんほう   3 しんぽ   4 しんぽう

3 先生にスピーチの原稿を添削してもらった。

    1 けんさく   2 てんさく   3 けんしょう   4 てんしょう

4 何度も練習してミスをなくすように努めた。

    1 つとめた   2 みとめた   3 さだめた   4 あらためた

5 この柱は垂直に立っている。

    1 すいちょく   2 すうちょく   3 すいちょう   4 すうちょう

問題2 ＿＿＿＿＿の言葉を漢字で書くとき、最もよいものを１・２・３・４から一つ選びなさい。

6 となりの人に足をふまれた。

1 跡まれた　　　2 路まれた　　　3 踏まれた　　　4 踊まれた

7 書類のまちがったところをていせいした。

1 定正　　　2 改正　　　3 修正　　　4 訂正

8 相手の会社に取り引きのじょうけんを提示した。

1 状見　　　2 状権　　　3 条件　　　4 条検

9 最近の試験のけいこうを調べた。

1 系行　　　2 経行　　　3 傾向　　　4 型向

10 Aの長さとBの長さはひとしい。

1 合しい　　　2 均しい　　　3 同しい　　　4 等しい

問題3 （　　　）に入れるのに最もよいものを、1・2・3・4から一つ選びなさい。

11 電車の到着時間は駅の時刻（　　　）に示してある。

1 割 2 票 3 図 4 表

12 この病院は（　　　）先端の技術を取り入れている。

1 超 2 最 3 極 4 特

13 国の両親に荷物を航空（　　　）で送った。

1 荷 2 貨 3 制 4 便

14 彼女は言葉（　　　）がていねいだ。

1 がけ 2 がたり 3 づかい 4 づたえ

15 2千円と3千円で（　　　）5千円の買い物をした。

1 全 2 合 3 計 4 総

問題 4 （　　　　　）に入れるのに最もよいものを、１・２・３・４から一つ選びなさい。

16 試験の前はテレビは見ないで試験勉強に（　　　　　）した。

　　1　集中　　　　　2　夢中　　　　　3　情熱　　　　　4　熱心

17 教師は生徒を（　　　　　）にあつかうべきだ。

　　1　公平　　　　　2　公式　　　　　3　共同　　　　　4　共有

18 この辺の川の水は（　　　　　）いてきれいだ。

　　1　とおって　　　2　はれて　　　　3　ぬけて　　　　4　すんで

19 新幹線は（　　　　　）時間どおりに東京駅に到着した。

　　1　ほぼ　　　　　2　なお　　　　　3　うんと　　　　4　じっと

20 彼女は小さいころからピアノの（　　　　　）があると言われていた。

　　1　性質　　　　　2　素質　　　　　3　気質　　　　　4　特質

21 目覚まし時計の時間を朝5時に（　　　　　）して寝た。

　　1　アップ　　　　2　セット　　　　3　スケジュール　4　カレンダー

22 ラッシュアワーのときは電車が（　　　　　）にやって来る。

　　1　続々　　　　　2　次々　　　　　3　先々　　　　　4　後々

問題 5 _____の言葉に意味が最も近いものを、1・2・3・4から一つ選びなさい。

23 あのときの彼の態度は、とんでもないと思う。

　　1　りっぱだ　　　　2　つまらない　　　3　たのもしい　　　4　ひどい

24 恋人の本当の気持ちを確かめるためにも、じかに会って話したかった。

　　1　さっそく　　　　2　じっくり　　　　3　直接　　　　　　4　正直に

25 就職活動をしながら、彼は10年後の自分自身を想像した。

　　1　見渡した　　　　2　見つめた　　　　3　イメージした　　4　レポートした

26 母親は赤ちゃんを見て、ほほえんだ。

　　1　にっこりした　　　　　　　　　　2　さっぱりした

　　3　がっかりした　　　　　　　　　　4　うっとりした

27 友人の話では、田中さんは重体だったそうだ。

　　1　会社の中の偉い人　　　　　　　　2　太っている人

　　3　悩んでいる状態　　　　　　　　　4　命が危険な状態

問題6　次の言葉の使い方として最もよいものを、1・2・3・4から一つ選びなさい。

28　表れ

1　この文章は感情の表れがすばらしい。

2　次の研究会で、田中さんの研究の表れが行われる。

3　調査の結果をわかりやすく示すために表れにした。

4　彼が怒っていたのは、不安な気持ちの表れだろう。

29　悪化

1　彼の息子は、悪い仲間とつきあっているうちにだんだん悪化した。

2　二人の関係は悪化する一方だった。

3　タイヤが悪化したので買い替えた。

4　エアコンが故障して部屋の温度が悪化した。

30　影響

1　彼女は有名なマラソン選手の影響を受けている。

2　この家はとなりのビルの影響で日が当たらない。

3　マンガを読んだのが影響で、日本語の勉強を始めた。

4　彼の作った歌がテレビで影響を呼んでいる。

31　そのうち

1　4月になって、桜の花がそのうち咲き始めた。

2　彼はあれこれ口で言うばかりで、そのうち自分では何もしない。

3　スポーツなら何でもできる彼だが、そのうちテニスの才能がある。

4　今は激しく降っている雨も、そのうち上がるだろう。

32 下る

1　石油の輸入が増えてガソリンの値段が下った。

2　電車がホームに近づくと乗客は黄色い線から後ろに下った。

3　試験の前に一生懸命勉強したのに成績が下った。

4　山道を2時間も下ったら足が痛くなってしまった。

問題7　次の文の（　　　　　）に入れるのに最もよいものを、1・2・3・4から一つ選び
なさい。

33　飼っていた犬が死んで、彼女は悲しみ（　　　　　）あまり寝込んでしまった。

1　に　　　　　　　2　を　　　　　　　3　で　　　　　　　4　の

34　現代社会（　　　　　）さまざまな問題点について議論した。

1　をこめて　　　　2　をもとに　　　　3　における　　　　4　にかける

35　（会社で）
A「では、この辺で失礼します。」
B「本日はありがとうございました。今後（　　　　　）よろしくお願いします。」

1　より　　　　　　2　こそ　　　　　　3　とも　　　　　　4　ばかり

36　A「来週のパーティー、どうするの？ 行けないの？」
B「どうしよう。行ける（　　　　　）あまり長くはいられないんだよね。」

1　としても　　　　2　からには　　　　3　かどうか　　　　4　どころか

37　彼がだれかほかの人に話さない（　　　　　）、この秘密が外部にもれる心配はない。

1　ばかりに　　　　2　だけに　　　　　3　かぎり　　　　　4　あげく

38　仕事のことは忘れて、ここでゆっくり（　　　　　）いればすぐに健康になれますよ。

1　休んでさえ　　　2　休みつつ　　　　3　休んでこそ　　　4　休みがちで

39 お酒を飲むのは嫌いではないが、また部長の自慢話を（　　　　）と思うと気が重い。

1　聞きたがる　　　　　　　　　　2　聞いてあげる

3　聞かされる　　　　　　　　　　4　聞かせてもらえる

40 有名人に会えるせっかくのチャンスをむだにする（　　　　）、アルバイトを休むことにした。

1　のはさけられないから　　　　　2　わけにはいかないから

3　よりほかにはないが　　　　　　4　のもやむをえないが

41　A「もうすぐ時間だね。」
　　B「そうだね。雨も上がった（　　　　）、そろそろ出発しようか。」

1　ことだし　　　　2　ことなら　　　　3　ものの　　　　4　ところを

42 意見が対立したときはちゃんと話しあう（　　　　）、それを避けるのはどうかと思う。

1　にしたがって　　　　　　　　　2　というよりむしろ

3　のみならず　　　　　　　　　　4　べきであって

43 あの会社の経営がうまくいかなくなったのは、事故の対応がまずく、客の信用を（　　　　）。

1　失いようがないものと思われる　　2　失うどころではないからだろう

3　失ったためではないかと思われる　4　失わずにはいられないからだろう

44 受付「本日は、お忙しい中、わざわざ（　　　　）ありがとうございます。」

1　お越しになられて　　　　　　　2　お越しいただきまして

3　越させてくださって　　　　　　4　越していらっしゃって

問題8　次の文の＿＿★＿＿に入る最もよいものを、1・2・3・4から一つ選びなさい。

（問題例）　きのう ＿＿＿＿＿ ＿＿＿＿＿ ＿＿★＿＿ ＿＿＿＿＿ はとてもおいしかった。

　　　　　　1　母　　　　　2　買ってきた　　　3　が　　　　4　ケーキ

（解答の仕方）

1. 正しい文はこうです。

きのう ＿＿＿＿＿ ＿＿＿＿＿ ＿＿★＿＿ ＿＿＿＿＿ はとてもおいしかった。
1　母　　3　が　　2　買ってきた　4　ケーキ

2. ＿＿★＿＿に入る番号を解答用紙にマークします。

（解答用紙）　　（例）　① ● ③ ④

45　いろいろ考えてはみたけれど、＿＿＿＿＿ ＿＿＿＿＿ ＿＿★＿＿ ＿＿＿＿＿ 浮かんで来なかった。

　　1　アイデアは　　　2　これといった　　3　ひとつも　　　4　いい

46　社長「きみ、困るよ。会社の信用を落とさないでくれよ。」
　　社員「はい。今後このような ＿＿＿＿＿ ＿＿＿＿＿ ＿＿★＿＿ ＿＿＿＿＿ の努力をして
　　　　参ります。」

　　1　起きないよう　　2　できるかぎり　　3　ことが　　　　4　二度と

47　あんなふうに言われたら彼が ＿＿＿＿＿ ＿＿＿＿＿ ＿＿★＿＿ ＿＿＿＿＿ ほどのこと
ではないと思う。

　　1　無理はないが　　2　のも　　　　　3　けんかをする　　4　怒る

48 田中さんがなぜ ＿＿＿＿ ＿＿＿＿ ＿★＿ ＿＿＿＿ からなのだそうだ。

　1　自由な時間を過ごせる　　　　　2　そのほうが

　3　のかというと　　　　　　　　　4　テレビを見ない

49 祖父は「最近、＿＿＿＿ ＿＿＿＿ ＿★＿ ＿＿＿＿ 困る。」と話していた。

　1　年の　　　　　2　か　　　　　3　忘れっぽくなって　　　4　せい

問題9 次の文章を読んで、文章全体の内容を考えて $\boxed{50}$ から $\boxed{54}$ の中に入る最もよいものを、1・2・3・4から一つ選びなさい。

今の若い者は、忍耐力、つまり、がまんする、とにかく頑張るという力がなくなっています。

昔は、会社を作ったら、もう最初の10年はひたすら一生懸命頑張るというのは当たり前でした。ところが最近は、通信技術が発達してインターネットでビジネスが出来るようになり、3年頑張れば何とかなるようになってきました。そんな話ばかり聞く時代になりました。

しかし、実際は $\boxed{50}$ 、私の周りの人に聞いても、決してそんなことはありません。現実には、いろいろな問題が起きて壁にぶつかる。そんなときは、皆さん、同じ道を歩いて頂上にたどり着いていらっしゃるのです。

富士山に登る登り方は三つあると言われています。一つはふもとの駅まで電車で行って、そこから歩いて頂上まで自分の足で登る。3日から4日かかります。途中で天気が崩れるかもしれないから、 $\boxed{51}$ 荷物も重くなります。ちゃんと計画して余分の水や食料を用意して、重い荷物を担いで登って来る $\boxed{52}$ 。それから二つ目は、車で五合目まで行って、一泊か、早ければ日帰りで登って来る。一番良くないのは最近の登り方で、東京の都心からヘリコプターに乗って九合目で降りて、「はい、富士山に登って来ました」というもの。これでは、忍耐力など $\boxed{53}$ 。

お金がもうかればいい、結果がすべてだと言って、毎晩パーティーをして楽しくやろうと、そういう経営者が多すぎると思います。けれども、世界中どこへ行っても、事業で成功している人は、やはり $\boxed{54}$ 、頂上にたどり着いている、そういうものなのです。

50

1　あのように　　　　　　　　　　2　このように

3　こうかというと　　　　　　　　4　どうかというと

51

1　もしくは　　　　2　かならずしも　　3　要するに　　　　4　当然

52

1　ことです　　　　　　　　　　　2　わけです

3　までもありません　　　　　　　4　に過ぎません

53

1　育つはずがないじゃないですか　　2　育たないものでもないんです

3　育たないほうがましじゃないですか　4　育つと言わざるを得ないでしょう

54

1　お金という荷物を担いで　　　　　2　情報という荷物を担いで

3　重い荷物を担いで　　　　　　　　4　いろんな荷物を担いで

問題 10 次の(1)～(5)文章を読んで、後の問いに対する答えとして最もよいものを、
1・2・3・4から一つ選びなさい。

(1)

　街中で公衆電話を見かけることはほとんどないようだ。だからたまに電話ボックスを発見したときは、何だか懐かしくて思わず写真を撮りたくなるほどだ。もちろん携帯電話やスマホが一般的になって、不便な公衆電話を使わなくなるのはしかたのないことだ。ではいつかは消滅してしまうのだろうか。実はそうならないという。停電や自然災害などでスマホが使えなくなった時、強い味方が公衆電話だからだ。警察、救急車など緊急時には無料でかけられるのも、公衆電話ならではのうれしいサービスだ。

55　公衆電話がなくならない理由は何か。

1　「懐かしい」と思う人たちがなくすことに反対しているから

2　カードを使えば簡単に通話ができるから

3　停電や災害など緊急時にも使えるから

4　警察や救急車が無料で利用できるから

(2)

> 「旅」と聞いたときに皆さんは、何を思い浮かべますか。家族と遠くに出かける泊りがけの旅行？ 学校の友達と行く修学旅行？（中略）
>
> ぼくには人生そのものが、一つの長くて短い旅です。では、人生の目的は何でしょうか。ぼくにとって人生最大の目的は「ほんとうの自分を見つけること」です。「ほんとうの自分」とは、何もしていない「素の自分」ではありません。「よりよい自分」です。「人のふり見てわがふり直せ」という 諺 があります。旅には多くの出会いがありますから、「わがふり直」し、「よりよい自分」になるのにひじょうに役立つのです。
>
> （ピーター・フランクル『ピーター流わくわく旅行術』岩波書店）

56 筆者が考える「ほんとうの自分」とはどのような自分か。

　1　家族や友達を通して自分を反省し、素直になっていく自分

　2　色々な人から影響を受けて人間的に成長していく自分

　3　人生の目的を見つけ、それに向かって生きている自分

　4　よい人間になるために、出会いを求めて旅を続けている自分

(3)

株式会社タナカ工業

営業部　鈴木　一郎　様

株式会社ABCコーポレーション

総務部　伊藤　正一

拝啓　(注)貴社ますますご清栄のこととお慶び申し上げます。

　さて、3月4日にご購入いただきました弊社商品「リトルチェアー（赤）」「（黒）」につきまして、3月20日付で代金のご請求をさせていただきました。「リトルチェアー（赤）」の代金振込みは確認ができましたが、「リトルチェアー（黒）」についての代金振込みが支払期限の3月31日を一週間経過しました本日にいたっても、いまだ確認が取れておりません。

　つきましては、来る4月20日までにお振込みいただきますようお願い申し上げます。

敬具

(注) 貴社：相手の会社

57　この文書が最も伝えたいことは何か。

1　商品で納品されていない物があるから、代金はまだ払えない。

2　商品を本日付けで送ったから、代金の振込みを請求させてもらう。

3　商品の一部の代金が未納であるから、速やかに支払ってもらいたい。

4　商品の代金を振り込んだから、期日までに振込みを確認してほしい。

（4）

　　信仰とは、人が行動する時に、善悪の基準として、あるいは根拠として考えを寄せる指針となるものであって、実体を持って動き、導いてくれるものではない。指導者に従うのも、結局はそれを通した先にあるものを自らの心に映し、自己判断に基づいて行動した結果であるはずである。信仰が他力本願（たりきほんがん）であるというのは間違いなのだ。つまり自らの意思を捨て丸投げにしてしまうことは、信仰とは言えないのである。

58　筆者は信仰をどのようなものだと考えているか。

　　1　指導者に従い行動すれば、正しく導いてくれるもの

　　2　宗教を信じ、善悪の基準とする人の心を映すもの

　　3　自己判断に基づいて行動した結果、得られるもの

　　4　自ら考え、行動する際の判断の助けとなるもの

（5）

　現在、発展途上国の人口爆発問題が問題視されている。しかし、先進諸国においても、かつて急激に人口が増加した時期があった。産業革命が起きた十八世紀なかばから二十世紀初頭にかけて、それまで一億六千万人程度だったヨーロッパの人口は四億人を突破した。これは産業革命と同時に、植民地から安価な資源を手に入れることができるようになったため産業が発展し、それにともなう労働力の確保が必要とされたからだ。貧困層では貧困から脱するために子供を労働力としてとらえたことから急激に人口が増加したのである。

59　かつて先進諸国で見られた人口爆発はどのようなものだったか。

　　1　約200年の間に、ヨーロッパでは人口が2.5倍になった。

　　2　約150年の間に、ヨーロッパでは人口が約2億人も増えた。

　　3　産業革命が起き、貧困層では働き手を増やそうとして、出産が増えた。

　　4　産業革命が起き、植民地から安価な労働力としての移民が増えた。

次のページに問題11が続きます。

問題11 次の(1)～(3)文章を読んで、後の問いに対する答えとして最もよいものを、1・2・3・4から一つ選びなさい。

(1)

　以前の私は布団に対して否定的だった。布団というのはずっと敷きっぱなしにしていると、畳と布団にカビが発生してしまう。そのため、もともと面倒くさがり屋である私は、いちいち敷いたりたたんだりしなければならない布団が嫌だった。

　一人暮らしを機にベッドを買った。ああ、ベッドはなんて楽なのだろう。忙しい朝にたたむ必要もなく、疲れたときにはいつでもそこにあって自分を迎えてくれる。私はそんなベッド生活が気に入っていた。

　だが、数年前引越しした先の寝室が和室だった。和室にベッドを置くわけにもいかず仕方なく布団生活に戻った。嫌々ながら戻った布団生活だったが、思いのほか苦ではなかった。それどころか、以前は嫌だった、布団を敷いたりたたんだりの動作が生活の一つのリズムになったのである。ベッドの生活は楽ではあったけれど、朝は起きたら食事も満足にとらず、気持ちの余裕もないまま出勤し、夜は疲れて帰ってきて倒れるようにベッドに横になっていた。つまり、全てが流れるようで、生活にメリハリがなかったのである。今になって布団の生活をしてみると、布団をたたむという行為は朝の出勤前の気持ちを整理し、「今日も一日がんばるぞ」という気持ちにさせてくれ、また、布団を敷くという行為は一日の終りに向けての準備であり、日中の興奮した気持ちを落ち着かせてくれる儀式だと気がついたのだ。

　私が成長したのかもしれないが、健康な気持ちになったような気がして、今は布団生活に満足している。

60 ベッドについての筆者の考えは、以前と今とでどのように変わったか。

1 以前はベッドを便利なものだと思っていたが、今は置く場所をとるので邪魔だと思っている。

2 以前はベッドを和室に置くわけにはいかないと思っていたが、今は和室にも置けると思っている。

3 以前はベッドを寝るためだけのものだと思っていたが、今は心身を休ませるものだと思っている。

4 以前はベッドを快適だと思っていたが、今はその快適さのせいで生活が単調になると思っている。

61 筆者は、布団を敷いたりたたんだりする行為にはどのような効果があると述べているか。

1 部屋を常に整理しようという気持ちになる。

2 生活が規則正しくなり、心もすっきりする。

3 体を動かすことで、よく眠れるようになる。

4 面倒な仕事を、嫌がらないでできるようになる。

62 布団生活について、筆者が感じたことは何か。

1 布団を使うようになってから、健康的な生活ができるようになった。

2 布団を使うようになってから、体が健康になって良かった。

3 布団を使うようになったのは、生活にメリハリができたからだ。

4 布団を使っているうちに、心を落ち着かせようと思うようになった。

(2)

　　若い人の間で近年流行している言葉に①「ていうか」というものがある。本来は「というよりは……じゃないか」という意味の言葉であろうが、現在は話題をころっと変えるときの便利な言葉として使われている。相手の話していることに異議を挟（はさ）み、対話をより深くするために自分の意見を言う——そのための言葉ではなく、「ていうか」一語で話題を全く変えてしまうのだ。

　　私は十代の女の子三人が、こうした「ていうか」を連発する会話を身近で聞いたことがあるが、それはある意味で②非常に見事（みごと）なものであった。それまで相手の話していたことと全く関係のないことを話し始める。お互いに言いたいことだけを言う。全く話を聞いていないというわけではない。しかし、そこにまとわりついて同じ話題を継続するよりは、自分の話したいことを話す方を皆が選択している。これは完全に友達同士で共有されているルールのようなので、その範囲では問題がない。限られた時間内にお互いに言いたいことだけ言うやり方として、「ていうか」の多用はそれなりに有効である。

　　ただし、このような「ていうか」の使い方を私自身に対してされるとなれば別問題だ。まちがいなく不愉快になる。というのは、いきなり話題を変えられてしまうと、それまで私が話していた内容がつまらなく関心を持てないものであったといわれている気がするからだ。

（斎藤孝『コミュニケーション力』岩波書店）

[63] 若い人にとって①「ていうか」はどのような言葉か。

1　相手が話している内容に反対意見を述べようとする言葉

2　相手が話している内容を中止させてしまう言葉

3　自分が話している話題を違う話にころっと変えてしまう言葉

4　自分が話している話題をより深くしようとする言葉

[64] ②非常に見事なものであったとあるが、どういう意味か。

1　「ていうか」を連発し、話がいつまでも終わらないことに感心した。

2　同じ話を継続しながらも、自分の話したいことを話していて感心した。

3　友達同士での共通ルールが自然とできあがっていくことに驚いた。

4　自分の言いたいことを勝手にどんどん話していく会話の形態に驚いた。

[65] 若い人の話し方について、筆者はどのように考えているか。

1　相手の話を全く聞かず、自己主張ばかりしていて不愉快だ。

2　仲間同士の話し方が誰にでも通用するとは思わないでほしい。

3　文法が本来のものと違っていて不愉快なので、正しく直すべきだ。

4　文法が本来のものとは違うが、新しい日本語になっていくだろう。

(3)

働くということ、仕事というのは、僕はリサイクルだと思っています。

僕が仕事で得たものを、誰かほかの人に与えてあげる、そんなリサイクルの感覚があれば、仕事は楽しいと思います。

そして、いま生きている自分の生命を維持させて、次の世代にリサイクルしていく、それが仕事だと思っています。

小さな子供を見ていると、彼らはまったくよく動きます。われわれ大人はというと、一度座ってしまったら、動こうとしません。

子供は放っておいても動く。動きたくなるのが人間であり、生き物だといえます。つまり、動くことが生き物である証し、生命力の証しということです。

「動く」という字に「人」がつけば「働く」になる。仕事というのは、人が生きている証しだともいえます。

（中略）

矛盾しているかもしれませんが、僕は、<u>仕事なんて本当はあまり威張ったもんじゃない</u>、とも思っています。やはりどこかに欲とか私心があって、労働というのが起こってしまう部分があると思うからです。それが端的に表れるのが「蓄える」という感覚です。実際、農耕文明が起きて、蓄えるということが始まってから、人間がずいぶん悪くなってきたんじゃないかと思います。

組織が生まれ、宗教が生まれ、権力が生まれた。蓄えるという感覚がなかったら、権力なんて生まれてこないわけで、だから、労働をして蓄えるということは、ある一面怖いところもあると思っています。

得るものと捨てるもののバランスをきちんとしていないと、何かに呑み込まれてしまいます。

（桜井章一＋鍵山秀三郎『「大」を疑え。「小」を貫け』講談社＋α文庫）

66 筆者は、仕事をどのようなことだと考えているか。

1 自分と家族の生活を維持するためにお金を得ること

2 自分の生活を安定させ、後輩に知識などを伝えること

3 次世代の子供たちを教育して、立派に育てあげること

4 子供のようによく動いて、たくさんの経験をすること

67 仕事なんて本当はあまり威張ったもんじゃないとあるが、それはなぜか。

1 仕事は、目的によっては自己中心的な行為になりかねないから

2 仕事は、人間が生きている証しであり、当たり前のことだから

3 現代では、宗教や権力によって仕事の意味が変わってしまったから

4 現代では、仕事が忙しすぎて家族と過ごす時間が失われつつあるから

68 筆者は、「蓄える」ことについてどのように述べているか。

1 人間が悪くなったために、「蓄える」という感覚が出てきた。

2 「蓄える」ことを覚えるようになったために、権力が生まれた。

3 人間は、食糧を「蓄える」ことを目的として農耕を始めた。

4 文明生活を保つためには「蓄える」という行為が必要である。

問題12 次のＡとＢの文章を読んで、後の問いに対する答えとして最もよいものを、
1・2・3・4から一つ選びなさい。

A

先日、祖母と庭の落ち葉掃除をした。落ち葉を袋に詰めながら、子どもの頃、落ち葉掃除の後はたき火をしたことを思い出した。学校帰りに道端のたき火を囲んで大人の人達とおしゃべりしたり、焼き芋を食べたり、火のつけ方を教えてもらったこともある。たき火は近所同士が仲良くなれた冬の楽しい思い出だ。

しかし、今はたき火は禁止になってしまった。本当に落ち葉のたき火が環境に悪いのだろうか。プラスチックを燃やさなければ (注)ダイオキシンは発生しない、という学者の説も聞いたことがある。時代とともに風物詩が消え、温かい人間関係も消えていくようでさみしいかぎりだ。なんでも安易に禁止せずに、近所同士昔のように仲良く暮らしたい。

(注) ダイオキシン：低温不完全燃焼によって発生する有毒物質

B

私の家の近所に、よく庭で落ち葉を燃やしているお宅があります。その煙や灰は周辺に流れ、洗濯物や干してあるふとんにも付いてしまいます。臭いはなかなか取れません。困っているのは私の家だけではないようなのですが、近所だからこそ注意することができないでいます。

私の子供の頃は近所に住宅も少なく、どこの家でもあたりまえのようにたき火をしていました。その頃の冬の楽しいたき火の思い出は今も私の心に残っています。しかし、今は状況が変わって規制されているはずです。それは火災の恐れはもちろん、周辺にも十分配慮する必要があるからです。懐かしい思い出は大切ですが、現実には困っている者がいることをわかっていただきたいと思います。

69 　ＡとＢで共通して述べていることは何か。

1　現在は、たき火はしてはいけないことになっている。

2　たき火に関する現在の法律を見なおして欲しい。

3　たき火は懐かしい思い出なのに、今はできずに残念だ。

4　たき火は冬の楽しい思い出だが、今は近所迷惑になる。

70 　ＡとＢは、近所の人たちとどのように暮らしたいと思っているか。

1　ＡもＢも、日常的に温かくふれあって仲良く暮らしたいと思っている。

2　ＡもＢも、お互いに相手のことを考えて穏かに暮らしたいと思っている。

3　Ａは仲良く暮らしたいと思っているが、Ｂはその必要はないと思っている。

4　Ａはもっと話したいと思っているが、Ｂは話したくないと思っている。

問題13 次の文章を読んで、後の問いに対する答えとして最もよいものを、1・2・3・4から一つ選びなさい。

キーワードをひとついれて、エンターキーをたたく。すると (注1)コンマ数秒でディスプレイいっぱいに、関連情報の無限のリストが浮かんでいる。ぼくたちは最初の画面からいくつか調べて、すぐに簡単便利なこたえを手にいれることができる。

ちかごろの検索エンジンの威力（いりょく）は驚異的（きょういてき）なものだ。けれども便利さを得れば、同時に必ず失うものがある。ぼくは雑誌の取材を受けるたびに、不思議に思うことがある。

求められるのはいつも、無駄のない正解ばかりなのだ。どんな本を読んだらいいですか。どんな音楽がおすすめですか。あげくの果てには、失敗しない恋愛をするには、どこに気をつければいいでしょうか。どうしてそこまで、ほんのわずかな寄り道を恐れるのだろうか。生きることは○×をつければすむ問題でも、損得だけでもないはずなのに。

きっと今は誰も失敗したくない時代なのだろう。正しい答えを一秒でも早く得たくて必死なのである。だけど、みんな、決して損をしない、間違いもしない人生なんて、つまらなくて貧しいじゃないか。

ぼくが書籍に本格的に親しんだのは、小学校高学年から中学にかけてだった。ひとりで毎日のように近所の本屋や図書館にでかけたのである。

最初は棚のどこにどんな本があるのかもわからなかった。何十メートルも延びる本の壁に、目がまわるように思ったこともある。だが、この迷っている感じがとてもたのしかったのだ。どれもみなおもしろそうで、どこから手をつけたらいいのかわからずに、うれしく迷っているのだ。素晴らしいものにかこまれて、それをすこしずつ自分のものにしていく。それはわくわくするようなおたのしみに満ちた道草（みちくさ）だった。

あまりにスピーディに得られる正解は、この迷うたのしみを人生から奪ってしまう。もっとたっぷりと迷っていたいのに、横から正解はこれ、近道はこちらなんて、お手軽なこたえを押しつけられるのはごめんである。（中略）

みんなは、まだ若い。としたら、なにかゆっくりとたのしみながら迷える課題

をひとつ、もってもらいたい。三年から五年くらいかけて、じわじわと (注2)醍醐味にひたれるようなテーマ。趣味でもいいし、恋愛でも、学問でも、自分が今就いている仕事まわりのことでもいい。とりあえず、そのテーマをつきつめて、自分で納得がいったら、つぎの新しい「迷い」を探せばいいのだ。

（石田衣良『傷つきやすくなった世界で』日本経済新聞出版社）

(注1) コンマ数秒：0.3 ～ 0.5秒くらいの短い時間
(注2) 醍醐味：本当のおもしろさ

71　筆者が不思議に思うこととは何か。

1　きわめて個人的な難しい質問をされること

2　いつも同じような質問をされること

3　一秒でも早く答えを求められること

4　はっきりとした正しい答えを求められること

72　本屋や図書館で、筆者はどのようなことに楽しさを感じたのか。

1　あれこれ考えながら、自分の好みの本を探すこと

2　あらゆる本を読めば読むほど、自分の知識が広がること

3　目がまわるほどたくさんある本を、少しずつ買い集めること

4　自分の好きなように、一人で本を選べるようになること

[73] 筆者によると、人生を楽しく豊かに生きるためにはどうすればいいか。

1　インターネットの検索エンジンで、情報を簡単に得られるようにする。

2　本屋や図書館で、わくわくするような本を探して読むようにする。

3　趣味や恋愛を積極的にして、楽しいことを増やしていく。

4　何か１つのことに関して、時間をかけてでも自分で答えを見つけていく。

次のページに問題14が続きます。

問題14 右のページは、ある大学の夏期休暇中のパソコン講座の案内である。下の問い に対する答えとして最もよいものを、1・2・3・4から一つ選びなさい。

74 「文学部、3年次、英語720点」の田中さんはいくつ講座を受講できるか。ただし、 7月26日から8月1日の午前中は実習があるため出席できない。

　　1　2つ

　　2　3つ

　　3　4つ

　　4　5つ

75 受講初日に持って行かなければならないものは何か。

　　1　受講料と教材費

　　2　教材費と学生証

　　3　受講料と学生証

　　4　受講料と教材費と学生証

パソコン講座

主催: アスカ大学
定員: 各講座15名

講座名	対象	開催日	時間	受講料
レポート作成	全年次・全学部	7月 21, 22, 25日	10：00 ～12：00	5,250円
情報処理	全年次・文学部	7月 22, 24, 26日	10：00 ～12：00	7,500円
就職活動のための パソコン	3年次・全学部	8月1, 2日	13：00 ～15：00	8,000円
仕事に役立つ パソコン	3, 4年次・文学部	8月9日～13日	13：00 ～15：00	10,500円
ネットで英語学習	全年次・全学部英語 試験650点以上	8月 16, 17, 18日	13：00 ～16：00	9,000円

■ 教材費
　　受講料には教材費が含まれておりません。教材費は「レポート作成」が1,000円、その他は2,000円程度です。なお教材費は、開講初日に実費でお支払い下さい。

■ 受講上の注意
　　受講する際は開催日全てに出席して下さい。欠席分の受講料は返金できませんのでご了承下さい。受講の出欠は学生証で行いますので、必ず学生証をお持ち下さい。また、この講座は単位を取得することはできません。

■ 申込方法
　　14号館教学課の職員に受講する旨をお伝え下さい。その際に申込用紙をお渡しいたします。申込用紙に①名前、②年次、③学部、④学籍番号、⑤講座名、⑥電話番号、⑦メールアドレスを明記し14号館教学課に提出して下さい。なお、複数受講希望の方は一つの講座につき一枚の申込用紙が必要となりますのでご注意下さい。

■ 受講者の決定
　　応募者多数の場合には、抽選により受講者を決定します。合否につきましては書面にてお知らせいたします。その際受講料の振込先を同封いたしますので受講開始日一週間前までにお振込み下さい。

※ 不明な点等ございましたら、14号館教学課パソコン講座担当・鈴木までお問い合わせ下さい。

4회 청해 ──────────────────────

問題1

問題1では、まず質問を聞いてください。それから話を聞いて、問題用紙の1から4の中から、最もよいものを一つ選んでください。

1番

1　店の前にある材料をチェックする

2　店の中と外を掃除する

3　電気のスイッチがどこにあるか見に行く

4　店の中に何があるか確認する

2番

1 テーマを変える
2 声に出して読む
3 文を簡単にする
4 字と文法を直す

3番

1 レストランに電話する
2 パンフレットを渡す
3 工場に連絡する
4 会議室を予約する

4番

1 たまねぎと牛乳と電池

2 牛乳と電池と歯ブラシ

3 たまねぎと電池と歯ブラシ

4 たまねぎと牛乳と歯ブラシ

5番

1 安い材料を使うこと

2 アルバイトを使うこと

3 価格を下げること

4 仕事の効率を上げること

問題 2

問題2では、まず質問を聞いてください。そのあと、問題用紙のせんたくしを読んでください。読む時間があります。それから話を聞いて、問題用紙の1から4の中から、最もよいものを一つ選んでください。

1番

1　女の人が相談しなかったから

2　女の人が手伝わなかったから

3　女の人のせいで課長に怒られたから

4　女の人がいつも同じ仕事をしているから

2番

1 他の車が駐車できないから

2 混雑していて危険だから

3 向かいの駐車場が空いているから

4 救急車が通れないから

3番

1 今日の夜、おばを迎えに行くから

2 明日の夜、おばを案内するから

3 今日の夜、仕事をしなければならないから

4 明日の夜、仕事をしなければならないから

4番

1 国際ビジネス

2 経済学と経営学

3 法律の研究

4 文化の研究

5番

1 相手の文化や習慣を理解すること

2 ストレスをためないこと

3 心から笑うこと

4 どんな時でも笑っていること

6番

1 両親がすすめたから

2 日本国内をいろいろ見て回れるから

3 外国向けの事業に関わりたいから

4 海外出張がないから

もんだい
問題3

問題3では、問題用紙に何もいんさつされていません。この問題は、全体としてどんな内容かを聞く問題です。話の前に質問はありません。まず話を聞いてください。それから、質問とせんたくしを聞いて、1から4の中から、最もよいものを一つ選んでください。

― メ モ ―

問題4

問題4では、問題用紙に何もいんさつされていません。まず文を聞いてください。それから、それに対する返事を聞いて、1から3の中から、最もよいものを一つ選んでください。

― メ モ ―

問題 5
もんだい

問題 5 では長めの話を聞きます。問題用紙にメモをとってもかまいません。

1番、2番
ばん　　　ばん

問題用紙に何もいんさつされていません。まず話を聞いてください。それから、質問とせんたくしを聞いて、1 から 4 の中から、最もよいものを一つ選んでください。

3番
ばん

まず話を聞いてください。それから、二つの質問を聞いて、それぞれ問題用紙の1から
4の中から、最もよいものを一つ選んでください。

質問1
しつもん

1 A班
はん

2 B班
はん

3 C班
はん

4 D班
はん

質問2
しつもん

1 A班
はん

2 B班
はん

3 C班
はん

4 D班
はん

◀ 5회 청해 듣기

적중 **모의고사**

5회

JLPT
N2

問題1 _____の言葉の読み方として最もよいものを、1・2・3・4から一つ選びなさい。

1 銀行で口座を開くときは身分を証明するものが必要だ。

   1 しんぶん   2 しんわけ   3 みぶん   4 みわけ

2 この国には天然の資源が豊富にある。

   1 てんぜん   2 てんれん   3 てんでん   4 てんねん

3 短所を指摘されるのは苦痛だ。

   1 くつう   2 くうずう   3 くうつう   4 こずう

4 用事があったので酒の誘いは断った。

   1 たった   2 ことわった   3 あやまった   4 きった

5 この問題はとても深刻だ。

   1 しんかく   2 しんがく   3 しんこく   4 しんごく

問題2 ＿＿＿＿の言葉を漢字で書くとき、最もよいものを１・２・３・４から一つ選びなさい。

6 先生は来週テストがあると生徒につげた。

1 宣げた 2 伝げた 3 告げた 4 白げた

7 この試験の合格きじゅんは60点以上とされている。

1 規準 2 基準 3 規順 4 基順

8 母はいつもせつやくを心がけていた。

1 節約 2 切約 3 節役 4 切役

9 仕事では相手のいこうをよく確かめる必要がある。

1 意考 2 異考 3 意向 4 異好

10 二人は急にしたしくなった。

1 恋しく 2 密しく 3 接しく 4 親しく

問題3 ( )に入れるのに最もよいものを、1・2・3・4から一つ選びなさい。

11 この店は北海道（ 　　　）の野菜をあつかっている。

1　産 　　　　2　製 　　　　3　発 　　　　4　生

12 きょうの彼の態度は（ 　　　）自然だった。

1　非 　　　　2　不 　　　　3　無 　　　　4　反

13 この映画は観客の満足（ 　　　）が非常に高い。

1　観 　　　　2　分 　　　　3　心 　　　　4　度

14 あの人はとても言葉（ 　　　）がていねいだ。

1　がたり 　　2　づたえ 　　3　もちい 　　4　づかい

15 彼はきっと歴史に残る（ 　　　）選手になるだろう。

1　優 　　　　2　良 　　　　3　名 　　　　4　秀

問題4 （　　　　）に入れるのに最もよいものを、1・2・3・4から一つ選びなさい。

16 このおもちゃは音に（　　　　）して動く。

　　1　反応　　　　　2　適合　　　　　3　合成　　　　　4　応用

17 彼は日本の歴史に（　　　　）を持っている。

　　1　感動　　　　　2　欲求　　　　　3　人情　　　　　4　興味

18 コーヒーをカップに（　　　　）。

　　1　注いだ　　　　2　混ぜた　　　　3　収めた　　　　4　込めた

19 今度の試験の成績も前回と（　　　　）変わらなかった。

　　1　いったい　　　2　いっそう　　　3　たいして　　　4　めっきり

20 会社説明会に参加する前にその会社の（　　　　）を調べておいた。

　　1　特殊　　　　　2　特色　　　　　3　独特　　　　　4　独創

21 梅雨が明けて、（　　　　）海のシーズンがやって来た。

　　1　じきに　　　　2　わくわく　　　3　いよいよ　　　4　さっそく

22 彼は体力の（　　　　）までがんばった。

　　1　制限　　　　　2　心境　　　　　3　限界　　　　　4　境界

問題5 ＿＿＿＿の言葉に意味が最も近いものを、1・2・3・4から一つ選びなさい。

23 彼は、彼女のことをきのどくに思った。

1 かわいそうだと 　　　　　　　　2 つまらないと

3 なまいきだと 　　　　　　　　　4 みっともないと

24 彼女は歩きながら、しきりに後ろを振り向いた。

1 大きく 　　　　2 そっと 　　　　3 すばやく 　　　　4 何度も

25 今度の試験に合格できないと困るため、田中さんは必死だった。

1 ふらふらだった 　　　　　　　　2 危険な状態だった

3 いっしょうけんめいだった 　　　4 可能性が少なかった

26 鈴木^{すずき}さんは、彼女に「ちょっといいかな」とささやいた。

1 大きい声で話した 　　　　　　　2 小さい声で話した

3 笑って話した 　　　　　　　　　4 はずかしそうに話した

27 あの会社は、いずれ有名になるだろう。

1 どちらか 　　　　2 そのうち 　　　　3 まったく 　　　　4 ずばり

問題6　次の言葉の使い方として最もよいものを、1・2・3・4から一つ選びなさい。

28 始発

1 来月の始発に、二泊三日の旅に出る予定だ。

2 きょうの会議は午後2時始発の予定です。

3 あの会社は新しい薬の始発を計画している。

4 田中<ruby>田中<rt>た なか</rt></ruby>さんは始発に乗るため朝早く家を出た。

29 加入

1 新車を買ったのでさっそく自動車保険に加入した。

2 山本<ruby>山本<rt>やまもと</rt></ruby>さんは紅茶にミルクを加入するのが好きだ。

3 おなかがすいていたので、もう一皿料理を加入した。

4 先日、友人の結婚パーティーに加入して楽しかった。

30 貴重

1 教科書の貴重な箇所に下線を引いた。

2 この品物はこわれやすいので、貴重にあつかわなければならない。

3 なによりも貴重なのは、あきらめないことだ。

4 海外旅行をして、貴重な体験をすることができた。

31 せっかく

1 友人は旅行のお土産を持って、せっかく家までたずねて来てくれた。

2 妻がせっかく作った料理を夫は食べずに捨ててしまった。

3 彼は知っているのに、せっかく知らないと答えた。

4 ファンは負けるとわかっていても、最後までせっかく応援した。

32 取り組む

1 このデパートは、世界各国からの輸入品を取り組んでいる。

2 警察が駐車違反を取り組んでいた。

3 鈴木さんは地域のボランティア活動に取り組んでいる。

4 山田さんは土地を取り組む会社に勤めている。

問題7 次の文の（　　　）に入れるのに最もよいものを、1・2・3・4から一つ選びなさい。

33 こんなチャンスは、もう二度（　　　）やってこないだろう。

    1　も   2　と   3　きり   4　しか

34 田中さんはまるでこの話を初めて聞いたかの（　　　）に驚いてみせた。

    1　そう   2　よう   3　みたい   4　わけ

35 池田さんもがんばったが、林さん（　　　）ではない。

    1　より   2　こそ   3　くらい   4　ほど

36 山田「課長、この仕事、明日までには（　　　）間に合わないと思うんですが。」

    課長「だったら、助けを呼ぶことにするか。」

    1　たとえ   2　とても   3　どうか   4　なんとも

37 町が（　　　）とともに環境の汚染も進んでいった。

    1　発展した   2　発展している

    3　発展していった   4　発展する

38 悪いじょうだんを言った（　　　）、田中さんは彼女と別れることになってしまった。

    1　だけに   2　ばかりに   3　ついでに   4　くせに

39 大雨で川の水があふれ、被害はとなりの町（　　　　）及んだ。

　　1　のみならず　　　　2　もかまわず　　　3　にして　　　　　4　にまで

40 どんな家でも、家が（　　　　）、それにしてもこの家は狭いと思う。

　　1　ないにこしたことはないが　　　　　2　ないよりはましだが

　　3　なかったら大変だが　　　　　　　　4　ないのもやむをえないが

41 A「町田さんも、やっと試験勉強を始めたんだって。」
　　B「今ごろ（　　　　）、だめかもしれないね。」

　　1　始めるようじゃ　　　　　　　　　2　始めとかなくちゃ

　　3　始められなきゃ　　　　　　　　　4　始めてしまっちゃ

42 大事な試合の前日だからといって、いつもより早く（　　　　）、かえって寝られなくなるというのはよくあることだ。

　　1　寝るにしろ　　　　　　　　　　　2　寝まいとして

　　3　寝たあげく　　　　　　　　　　　4　寝ようとすると

43 今日もまた残業かと思ったが、山本さんが手伝ってくれたので、（　　　　）。

　　1　残業するのも無理はなかった　　　2　残業しないですんだ

　　3　残業するどころではなかった　　　4　残業しないでもなかった

44 講演者「ただいま、司会の山川先生から（　　　　）鈴木と申します。」

　　1　紹介しておいでになった　　　　　2　紹介させてくださった

　　3　ご紹介なさった　　　　　　　　　4　ご紹介いただいた

問題 8 次の文の___★___に入る最もよいものを、1・2・3・4から一つ選びなさい。

(問題例) きのう _____ _____ __★__ _____ はとてもおいしかった。

　　　　　1　母　　　　2　買ってきた　　　3　が　　　　4　ケーキ

(解答の仕方)

1. 正しい文はこうです。

> きのう _____ _____ __★__ _____ はとてもおいしかった。
> 　　　　1　母　　3　が　　2　買ってきた　4　ケーキ

2. ___★___に入る番号を解答用紙にマークします。

(解答用紙)　(例)　① ● ③ ④

45　この曲を始めて聞いたときは世界が新しく _____ _____ __★__ _____ したものだった。

　　1　ぐらい　　　　　　　　　　　　2　感動

　　3　と思う　　　　　　　　　　　　4　生まれ変わったか

46　学生「先生、来月の旅行なんですが、もしかしたら都合が悪いかもしれないです。」
　　先生「そうですか。もし _____ _____ __★__ _____ 必ず連絡ください。」

　　1　ようなら　　　2　には　　　　3　行けない　　　4　一週間前まで

47 娘は、両親が日本へ留学するのを ＿＿＿＿ ＿＿＿＿ ★ ＿＿＿＿ 遊ぶためではないのはよくわかっていた。

1　許してくれたのは　　　　　　　2　けっして

3　であって　　　　　　　　　　　4　勉強するため

48 田中さんも最初はいやがる ＿＿＿＿ ＿＿＿＿ ★ ＿＿＿＿ では、やってくれる可能性がある。

1　けれど　　　　2　かもしれない　3　しだい　　　　4　話し方

49 父は「１億円の宝くじが本当に ＿＿＿＿ ＿＿＿＿ ★ ＿＿＿＿ 」と言っていた。

1　なんて　　　　　2　夢にも　　　　3　思わなかった　4　当たる

問題9 次の文章を読んで、文章全体の内容を考えて　50　から　54　の中に入る最もよいものを、1・2・3・4から一つ選びなさい。

　医療技術が発達して、その国の平均寿命が延びれば、以前に比べて高齢者の割合が増えるのは当たり前のことです。今の日本では、それに加えて少子化が進んでいて、高齢者の割合をさらに高くしています。

　では、50年後、100年後の未来はどうかというと、　50　少子化が続いていく限り、高齢社会も続くことになるでしょう。個人主義の考え方が広まっている現代社会では、どうしても少子化を　51　。それは避けられないことではないでしょうか。

　しかし、　52　、出産と育児という、人間にとって最も大切な行為が、消えてなくなることはないでしょう。いつの時代においても、子どもは希望であり、人の心を明るくしてくれる太陽です。この希望の光がいつまでも減り続けるとは　53　。

　つまり、私は、このような人口の割合の変化は、一度は行く所まで行って、最悪の状態になるかもしれませんが、その後はちょうどいいバランスまで戻っていくはずだと思うのです。

　日本が戦争で多くの人を失ったのは、もう70年も前のことです。それから人口は増え続けました。それが人口減少に転じたのは21世紀になってからのことです。そう考えれば、50年後はまだわかりませんが、その先の未来には、少なくともまた　54　、そう信じたいと思うのです。

50

1 このまま   2 あのまま

3 ここまで   4 あそこまで

51

1 止めざるを得ません   2 止めかねません

3 止めるものではありません   4 止められません

52

1 そうであれば   2 それとは反対に

3 だからといって   4 だからこそ

53

1 思うしかないのです   2 思えないのです

3 わからないのです   4 わかりようがないのです

54

1 マイナスが続いている   2 最悪の状態になっている

3 プラスに転じている   4 ちょうどいいバランスになっている

問題 10 次の(1)～(5)文章を読んで、後の問いに対する答えとして最もよいものを、
　　　　1・2・3・4から一つ選びなさい。

(1)

　農業をやるというと、まず土地を所有しなければと考えがちですが、そんなことはありません。我々のように株式会社でも農業ができる時代です。レンタルで十分なんです。我々の仕事は、土地を所有することではなくて、農地を耕して野菜を作って、消費者に安心して食べられる野菜をできるだけ安い値段で供給することです。日本は農家の高齢化が進んでいて、耕せなくなった農地、いわゆる遊休農地がどんどん増えています。それを利用させてもらえればいいんです。

55 レンタルで十分とあるが、どういうことか。

1　農地を所有しなければ、いい農業はできない。

2　値段の安い野菜を作るためには株式会社が農業をする必要がある。

3　農地を借りてあげなければ、農家は生活できない。

4　使わなくなった農地を借りて農業をすればいい。

(2)

> 　新聞やテレビなどのメディアは、人間が作り出したものだ。ところが、メディアの登場が人間社会を大きく変化させることになった。人々はいつのまにか、新聞やテレビに出ていることは事実だと思い込むようになった。それを政治的に利用するメディアも現れている。
>
> 　新聞もテレビも利益を追求する会社の一つであることを忘れてはいけない。メディアを利用する側はいつも目を光らせていなければならなくなったのである。

56　メディアを利用する側が目を光らせていなければならないのはなぜか。

　1　メディアは、常に政治に利用されているものだから

　2　メディアは、ただ宣伝広告のためのものにすぎないから

　3　メディアの伝える情報は、事実とは限らない場合があるから

　4　メディアはもともと作られたもので、事実を伝えるものではないから

（3）

大森家具株式会社（かぶしきがいしゃ）

企画部長 林 一郎 様

株式会社（かぶしきがいしゃ）インテリアデザイン

営業部長 木村 三郎

　拝啓　初冬の候、(注)貴社（きしゃ）ますますご発展のこととお喜び申し上げます。

　さて、去る10月12日、貴社（きしゃ）主催の「インテリア祭り」に当社製品の出展を申し込み致しました際は、快くお受けくださいまして誠（まこと）にありがとうございました。

　つきましては、出展に向け準備を進めておりましたところ、当社新製品の開発に遅れが生じ、時間的に無理と判断せざるを得なくなりました。お手数をおかけしながら誠に恐縮に存じますが、今回の出展申し込みは取り消させていただきたく存じます。悪（あ）しからず、ご了承（りょうしょう）くださいますようお願い申し上げます。

敬具

（注）貴社（きしゃ）：相手の会社

57　筆者がこの文書を作成することになった原因は何か。

1　「インテリア祭り」の開催が延期されたこと

2　「インテリア祭り」の責任者に断られたこと

3　出店の申し込みが間に合わなかったこと

4　新製品の開発が間に合わなくなったこと

（4）

　　私たち現代人は話す動物である。私たちは、普通、他人とまじめな話をするか、何ということもないおしゃべりやうわさ話をするか、あるいは、人前で演説したり、また、二人きりで愛をささやいたりして日々を過ごしている。こうした現実の中で見過ごされがちなのが、私たちの会話の多くは実際に言葉を発することなく行われているということである。私たちが発する言葉に隠れて、しかもたいてい音声を伴わない伝達手段が存在し、話す内容をわかりやすく説明し、足りないところを補っているのである。

58 この文章で筆者が言いたいことは何か。

　　1　現代人は話しすぎるので、他人と上手にコミュニケーションがとれない。

　　2　現代人の話す技術は進んでいるが、たまには言葉を使わないことも必要である。

　　3　現代人の特徴は話すことだが、言葉以外にも伝達手段を持っている。

　　4　現代人は話すのが下手なので、言葉以外の伝達手段が必要である。

(5)

> 　「教師はサービス業か」とよく聞かれますが、教師が生徒のためにすることは、例えばホテルの従業員が客に快適なサービスを提供するのとちがって、生徒が学校にいる間は不自由で厳しすぎると思うようなことも、大人になって何か問題に直面したときに、「ああ、あのときはめんどうくさいなあ、うるさいなあと思ったけれど、こういうときのために言ってくれていたんだな」と思えるような、言ってみれば、未来に届けるサービスだと思うんです。

59 　筆者は、教師が生徒のためにするサービスをどのようにとらえているか。

1　生徒の理解力を育てるためのもの

2　生徒の未来に役に立つもの

3　生徒に快適さと厳しさを与えるもの

4　将来、教師が満足するためのもの

次のページに問題11が続きます。

問題11 次の(1)～(3)文章を読んで、後の問いに対する答えとして最もよいものを、1・2・3・4から一つ選びなさい。

（1）

　そもそも、子育ては暮らしとしてあるから、みんなが同じに出来るわけはなく、ほんらい「科学」になじむ性質のものでもないのだ。よく分からないことは多いし、あれこれと迷うことなんてしょっちゅうなのではないか。それを「こうだ」とか「こうすべきだ」とか断定的に指示するかたは、<u>神様のように自分を思っているのだろう</u>。

　だが、ぼくは子育てには常に「こわさ」を持っていなければいけないと思う。なにしろ、ひとりの人間と向き合い、付き合い、やり合いながら、しかもリードして行こうというのだから、考えてみれば恐ろしいことではないか。ぼく自身の子ども二人はもう成人してしまったが、そうなってから気がついたのは、育児には「成功」とか「失敗」とかは、これは原理的に成立しないということだった。だって、その二人を前にして成功も失敗も言えたもんじゃあない。そんなことを言ったら、どちらもひどく怒るにちがいないし、そこには二人のまさに親とはちがう人格が厳然（げんぜん）と存在している、それが育児の帰結（きけつ）とすれば、そもそも初めから「成功」を目指すということ自体も成り立たないと知らなければなるまい。

　そうと気がつけば、自分の育児論にももっと「おそれ」と謙虚（けんきょ）さを持っていなければいけないなとの思いを強くする。

（毛利子来『若い父母へのメッセージ』ちくま文庫）

60 <u>神様のように自分を思っているのだろう</u>とあるが、筆者はなぜ、このように考える
のか。

1 自分は子育てがうまくできないので、断定する人がうらやましいから

2 子育てには法則もなく、分からないことも多いのに、断定するから

3 子育てが上手にできる人は、神様のようにやさしい人だと思われるから

4 子育てというものは、科学とは全く反対のものだと考えられるから

61 筆者によると、育児に必要なものは何か。

1 子どもはもともと恐ろしいものだということを忘れないこと

2 時には厳しく子どもに接しながら、子どもをリードしていくこと

3 子どもが大人になったとき、成功したと言えるように育てること

4 いつも、恐れと謙虚な心を持って自分の子どもに接すること

62 この文章で、筆者の言いたいことは何か。

1 自分の子どもに、将来、失敗だったと言われないように、子どもを常にリード
しなければならない。

2 子育てには法則も成功もないのだから、常に「こわさ」を持って取り組まなけれ
ばならない。

3 子育てに成功するためには、親が自分の子どもを恐がらないようにしなければ
ならない。

4 子どもは科学の法則には当てはまらないのだから、神様のように育てなければ
ならない。

（2）

　夜、眠っている間に、まるで起きている時のように急速に眼球が動くことがあります。この急速眼球運動をともなう睡眠は、レム睡眠と呼ばれます。このレム睡眠の時に人を起こすと、およそ80％の確率で夢を見ていたという答えが得られます。人の睡眠は、このレム睡眠と、急速眼球運動をともなわないノンレム睡眠とに分けられ、大人の場合、入眠後、ノンレム睡眠とレム睡眠を約90分周期で繰り返すと言われています。レム睡眠時に比べ、ノンレム睡眠時に夢を見たという人は7％に過ぎません。

　よく私は夢を見ないという人がいますが、そういう人でも、実験室でレム睡眠中に起こしてみると、本人も驚くほど(注)鮮明な夢体験を報告します。このことから、夢を見ないという人は、朝起きるとき、ノンレム睡眠から目が覚めるのではないか、つまり、レム睡眠が終わってだいぶ経ってから目覚めるためではないかと考えられています。

　動物にもレム睡眠は認められています。が、動物が夢を見るかについては、まだはっきりしていません。ある研究で、ネコの脳の一部を手術して観察を行なったところ、ネコは、レム睡眠になると起き上がり、何かにとびかかるような動作をするが、レム睡眠が終わると再び静かに眠りだすということが見られたそうです。このことから、ネコも睡眠中に夢を見るのではないかと推測されています。

（注）鮮明な：はっきりした、あざやかな

63 筆者は、レム睡眠をどのように説明しているか。

　1　鮮明な夢をともなう睡眠で、人はまるで起きているように動き回ることが多い。

　2　鮮明な夢をともなう睡眠で、この間、約90分間、人は夢を見つづける。

　3　すばやい目の動きをともなう睡眠で、この間に人は夢を見ることが多い。

　4　すばやい目の動きをともなう睡眠で、目が動かない間は夢を見ていない。

64 筆者は、夢を見ないという人についてどのように説明しているか。

　1　実際は夢を見ているが、それを覚えていないと考えられる。

　2　あまりにも鮮やかな夢なので、現実だと思ってしまっている。

　3　ノンレム睡眠に比べ、レム睡眠の間がとても短い人だと考えられる。

　4　実験によって、うそをつく性格の人だということが証明されている。

65 この文章の内容と合っているものはどれか。

　1　ネコの実験から、動物もまた、人と同様にレム睡眠時に夢を見ることは明らかだ。

　2　動物にもレム睡眠が認められるが、夢を見ているとは言い切れない。

　3　人間が動物より優れているのは、レム睡眠とノンレム睡眠を繰り返すことだ。

　4　人間と動物を分けるのは、レム睡眠時に夢を見るかどうかだ。

(3)

　①人間はぎりぎりのところで生きているとお話ししましたが、そう考えると、喜びが続いた後に悲しいことが起こったり、苦労の後に満足感を得て安心したりするわけがわかるような気がします。

　生命体は35億年の歳月を経て、今も進化しつづけていますから、ぎりぎりのところで生きてはいるけれども、苦よりも楽の方が少しだけ多いというのが実情ではないでしょうか。

　これを比率で表すとすれば、51対49くらいになると思います。もし、楽と苦の比率が70対30、あるいは80対20だったら、人生はずいぶん楽でしょう。多くの人が笑いながら人生を終えることができます。しかし、現実はそんなことにはなっていません。前に、空気中の酸素がたった1～2％上下しただけで、体調が変化したり、気分も変化するとお話ししましたが、人間はちょっとしたことに左右されてしまう生き物なのです。

　ぎりぎりのところで生きているのに、生き方を(注1)過って苦しむ人も多い。人間は(注2)仏のような心を持つこともできますが、間違いを犯しやすい存在であるというあたりが(注3)妥当なところでしょうか。間違いを犯さないようにするためには、人間の特徴を理解し、(注4)己を知るしかありません。②「51対49」の法則は己を知るための大切なキーワードの一つだと思います。

（安保徹『病気は自分で治す』新潮文庫）

(注1) 過つ：間違える

(注2) 仏：仏陀(Buddha)、仏教でいう最高の人

(注3) 妥当な：適当な

(注4) 己：自分自身

66 ①人間はぎりぎりのところで生きているとは、どういう意味か。

1 人間は、喜んだり悲しんだり、苦労したり満足したりする。

2 生命は、進化し続けて35億年後に人間になった。

3 人間は、楽しいことと苦しいこととを比べると、楽しいことのほうが多い。

4 人間は、ちょっとしたことに左右される生き物である。

67 ②「51対49」の法則とあるが、ここではどういうことか。

1 人の一生は、苦よりも楽のほうがほんの少し多いこと

2 人間は仏^{ほとけ}のような心を持つ人のほうがほんの少し多いこと

3 笑いながら死ぬ人とそうでない人との比率が51対49であること

4 生き方を間違える人とそうでない人との比率が51対49であること

68 この文章で筆者が言いたいことは何か。

1 人間は間違いやすい存在だから、だれに対しても仏^{ほとけ}のような心を持つことが大事である。

2 「51対49の法則」を知って、少しでも喜びや楽しみを増やすように努力するべきである。

3 80％の人が笑いながら死ねるように、まず「51対49の法則」をよく理解するべきである。

4 ぎりぎりのところで生きているという人間の特徴を理解して、自分自身を知ることが大事である。

問題12　次のＡとＢの文章を読んで、後の問いに対する答えとして最もよいものを、
　　　　1・2・3・4から一つ選びなさい。

A

　　人は本来、一日に二食で十分だと言われています。朝はもともと、夜の間に消化した残りを体外に出す時ですから、食べるとしても果物ぐらいで十分なのです。現代人にとって大事なのは時間を有効に使うことで、食事も例外ではありません。食事で大事なのは、必要な栄養を取り入れることです。つまり、必要な栄養をバランスよく効率的に取り入れるのが現代の食事だということです。必要のないものをだらだらと時間をかけて食べ、太りすぎて生活習慣病になってしまっては意味がありません。食事に手間暇をかけるのでなく、宇宙食のようにまったく無駄を省いた食事が理想的と言えるでしょう。

B

　　私たちの体を作り上げ、生命を維持しているのは一日三度の食事であって、本来、人間にとって食事以上に大切なものはないと言っていい。だからこそ、私たちの生活は食事を中心に回っているのである。
　　食事はただ栄養を摂ればいいというものではない。栄養が偏らないように気をつけること。人はもともと草食が主体で、人の歯の構成を見ればわかるように、肉食用のとがった歯は８分の１しかない。１対７の割合が肉と野菜のバランスの基本なのだ。
　　また、食事の後の消化タイムも忘れないこと。食事中の楽しい雰囲気はもちろん、食後のゆったりした気分が消化を助ける。それが健康な体を作るのである。

69 AとBの意見が一致しているのはどれか。

1 一日の食事の回数

2 健康に対する考え方

3 栄養のバランスに注意するという点

4 人にとって最も大事なのが食事だという点

70 AとBは、食事について、どのようなことが大切だと述べているか。

1 AもBも、現代人の生活に合わせた食事をすることが大切だと述べている。

2 AもBも、健康な生活をするためには食事に時間をかけることが大切だと述べている。

3 Aは効率的な食事が大切だと述べ、Bは食事の内容と共に食事中や食後の気持ちも大切だと述べている。

4 Aは食事に時間をかけないことが大切だと述べ、Bはできるだけ食事に時間をかけることが大切だと述べている。

問題13 次の文章を読んで、後の問いに対する答えとして最もよいものを、1・2・3・4から一つ選びなさい。

子どもは何でもないようなことでもよく笑う。箸が転んでもおかしい年頃の女子中高生もよく笑う。よく笑えるからだはボールのように軽やかにはずんでいて、反応がいい。

ところが、年がいくにつれて、なかなか笑えなくなってくる。一つには、日々の生活の中で笑ってばかりいられないことが増えることがあるのだが、もう一つには、からだがさっと反応できなくなるからでもある。とくに、からだがガチガチに(注1)こわばってしまっていると、笑いのスイッチが入りにくい。

一般に、女性は年をとっても自由に笑える人が多いのだが、男性は年とともに笑えなくなる人がどんどん増える。

講演会でも、女性の多い会場では笑いが起きやすい。だが、中高年の男性ばかりとなると極端に雰囲気が硬くなる。大の男が易々と笑ってなるものかと思っているのかもしれないが、話をまじめに聴こうと身構えすぎていて、(注2)ジョークを言っても反応がない。

「皆さん、なんだか雰囲気が硬いですね。それはからだが固まっているからです」と、立って軽くジャンプしてもらったり、肩甲骨をぐるぐる回してもらったり、声を出してもらったりする。そうやってからだを(注3)揺さぶるだけで、余計な緊張が(注4)ほぐれて笑いが出やすくなる。

これには、話し手である私と、聴き手とのあいだに関係性を築く意味もある。こうしてくださいと私が言い、それに反応してもらう。「呼びかけ」「応える」関係ができる。すると、からだがほぐれるのと関係性の構築とによって、話に反応しやすいからだに切り替えられる。笑うには、からだの状態と関係性がセットされる必要がある。

普段は笑いの少ない中高年世代の男性も、ゴルフのときにはよく笑う。冗談を言い合い、ナイスプレーだと言っては笑い、ちょっとしたミスをしては笑う。それはいい関係性の人と一緒に好きなことをしていることもあるが、肩をたくさんまわし、よく歩き、からだを動かして笑いやすいからだになっているからでもある。

（中略）

　笑えないというのは、反応が鈍くなっていることなので、老化現象の一つだと私は思う。ただし、単純に年齢の問題ではない。八十代、九十代でも生き生きとしている人は、たいていよく笑っている。要は、笑えるからだを維持しようとする意識がどれだけあるかによるのだ。

（齋藤孝「「笑う」門には福ばかり」『コトバ第3号』集英社）

（注1）こわばる：かたくなる

（注2）ジョーク：冗談

（注3）揺さぶる：揺らす

（注4）ほぐれる：やわらかくなる

71　筆者が、年を取ると笑えなくなる理由として挙げているものはどれか。

　1　ジョークを言わなくなってしまうから

　2　体の反応が悪くなってしまうから

　3　生活が貧しくなってしまうから

　4　ユーモアを理解できなくなってしまうから

72　筆者が、講演会で参加者に軽い運動をしてもらう目的は何か。

　1　参加者が、講演中は笑わないで、まじめに話を聞けるようにすること

　2　参加者と自分の緊張を解いて、自分も冗談が言えるようにすること

　3　参加者が笑えるようにすることと、参加者に自分を好きになってもらうこと

　4　参加者の体をやわらかくすることと、参加者との間に関係性を作ること

73 筆者は、何が大事だと述べているか。

1 大人になっても子どものように笑い続けること

2 中高年の男性も自由に笑えるようにゴルフをすること

3 笑えないのは老化の表れだと理解すること

4 意識して体を笑えるような状態にたもつこと

次のページに問題14が続きます。

問題14 次のページは、山田市で開かれるコンテストの案内である。下の問いに対する答えとして最もよいものを、1・2・3・4から一つ選びなさい。

74 このコンテストに応募できるのは、次のうちどのグループか。

1 市外から山田市の大学に通学している女性6名で、ペットボトルの回収に取り組んでいるグループ

2 山田市に住む家族5名で、太陽光エネルギーを生活の中でいろいろ利用しているグループ

3 山田市の大学の寮に住む外国人留学生4名で、フリーマーケットを開いているグループ

4 山田市に引っ越してきたばかりの会社員5名で、毎週公園の清掃をする予定のグループ

75 このコンテストの参加申し込みについて、正しいものはどれか。

1 参加応募用紙を提出する前に、参加費2000円を振り込まなければならない。

2 参加応募用紙は、インターネットで入手して、電子メールで送ることも可能である。

3 参加応募用紙と同時に、活動内容の資料を提出しなければならない。

4 パンフレットに掲載されることを希望する場合、参加応募用紙に記入しなければならない。

山田市　エコ活動コンテスト参加募集

　山田市では、市民ひとりひとりが省エネルギーや環境保護に取り組むためのイベントとして「エコ活動コンテスト」を開催いたします。コンテストでは、皆様が取り組んでいるエコ活動について、ステージ上でプレゼンテーションをしていただきます。審査の上、入賞したチームには、賞状と賞品が贈られます。ふるってご応募ください。

◇ **応募資格**　省エネ・リサイクル・ゴミ対策・自然環境の保護などのエコ活動に取り組んでいる、家族や地域、会社、学校等の仲間によるチーム。
　　　　　　※山田市在住の方で、5名以上のグループであること。
　　　　　　※年齢国籍は問いません。
　　　　　　※ただし、活動の実態がないグループは認められません。

◇ **応募方法**　参加応募用紙（市のホームページからダウンロードするか、市役所環境課の窓口で配布）に必要事項を記入の上、活動内容のわかる参考資料（ポスター、写真、ビデオ等）とともに、山田市環境課へご提出ください。
　　　　　　※応募書類は、返却いたしません。
　　　　　　※コンテスト終了後、お送りいただいた参考資料やコンテストの内容をもとにパンフレットの作成を予定しております。掲載を希望されない場合は、その旨^{むね}を明記してください。

◇ **提出方法**　参加応募用紙は、市役所の環境課へ直接提出していただくか、郵送で提出してください。

◇ **コンテスト**　書類審査を通過した10チームにより、コンテスト当日ステージ上で5分程度のプレゼンテーションをして競います。

◇ **応募期限**　9月30日必着

◇ **参加費用**　参加は無料ですが、コンテストに出場する10チームは、手数料として、2000円を指定の口座にお振り込みください。くわしくは書類審査を通過した時点でご案内します。

◇ **問い合せ**　山田市役所　環境課　環境企画室

◀ 5회 음성 듣기

問題1

問題1では、まず質問を聞いてください。それから話を聞いて、問題用紙の1から4の中から、最もよいものを一つ選んでください。

1番

1　体重を減らす

2　たばこをやめる

3　運動量を増やす

4　甘いものを控える

2番

1　ダンボール箱

2　テレビ

3　洗濯機

4　ベッド

3番

1　飲み物

2　はしと皿

3　野菜

4　炭と新聞紙

4番

1 データファイルを探す

2 担当者にパスワードを聞く

3 担当者に価格表のことを聞く

4 本社に電話する

5番

1 アンケートの内容

2 アンケートの対象

3 アンケートの時期

4 アンケートの人数

問題2

問題2では、まず質問を聞いてください。そのあと、問題用紙のせんたくしを読んでください。読む時間があります。それから話を聞いて、問題用紙の1から4の中から、最もよいものを一つ選んでください。

1番

1　お酒が好きではないから

2　お金がないから

3　具合が悪くなるから

4　医者に止められているから

2番

1 約束を忘れていたから

2 朝寝坊をしてしまったから

3 友だちから電話があったから

4 間違えて電車に乗ったから

3番

1 安くて軽い掃除機

2 静かでよくごみが取れる掃除機

3 軽くて静かな掃除機

4 安くて小さい掃除機

4番

1 どこからでもデータが見られること

2 データが無くならないこと

3 たくさんのデータを保存できること

4 携帯電話からメモしやすいこと

5番

1 クッキーの量を増やす

2 チョコレートの味を変える

3 チョコレートの量を増やす

4 パッケージの写真を変える

6番<ruby>ばん<rt></rt></ruby>

1 偶然<ruby>ぐうぜんとお<rt></rt></ruby>通りがかったから

2 新しい<ruby>あたら<rt></rt></ruby>商品<ruby>しょうひん<rt></rt></ruby>を見<ruby>み<rt></rt></ruby>たかったから

3 プレゼントを買<ruby>か<rt></rt></ruby>いたかったから

4 店長<ruby>てんちょう<rt></rt></ruby>と話<ruby>はな<rt></rt></ruby>したかったから

問題3

<ruby>問題<rt>もんだい</rt></ruby>3では、<ruby>問題用紙<rt>もんだいようし</rt></ruby>に<ruby>何<rt>なに</rt></ruby>もいんさつされていません。この<ruby>問題<rt>もんだい</rt></ruby>は、<ruby>全体<rt>ぜんたい</rt></ruby>としてどんな<ruby>内容<rt>ないよう</rt></ruby>かを<ruby>聞<rt>き</rt></ruby>く<ruby>問題<rt>もんだい</rt></ruby>です。<ruby>話<rt>はなし</rt></ruby>の<ruby>前<rt>まえ</rt></ruby>に<ruby>質問<rt>しつもん</rt></ruby>はありません。まず<ruby>話<rt>はなし</rt></ruby>を<ruby>聞<rt>き</rt></ruby>いてください。それから、<ruby>質問<rt>しつもん</rt></ruby>とせんたくしを<ruby>聞<rt>き</rt></ruby>いて、1から4の<ruby>中<rt>なか</rt></ruby>から、<ruby>最<rt>もっと</rt></ruby>もよいものを<ruby>一<rt>ひと</rt></ruby>つ<ruby>選<rt>えら</rt></ruby>んでください。

― メ モ ―

問題4では、問題用紙に何も印刷されていません。まず文を聞いてください。それから、それに対する返事を聞いて、1から3の中から、最もよいものを一つ選んでください。

— メ モ —

問題5

問題5では長めの話を聞きます。問題用紙にメモをとってもかまいません。

1番、2番

問題用紙に何もいんさつされていません。まず話を聞いてください。それから、質問とせんたくしを聞いて、1から4の中から、最もよいものを一つ選んでください。

3番
ばん

まず話を聞いてください。それから、二つの質問を聞いて、それぞれ問題用紙の1から4の中から、最もよいものを一つ選んでください。

質問1

   1   味のコーナー

   2   生産コーナー

   3   保存コーナー

   4   未来コーナー

質問2

   1   味のコーナー

   2   生産コーナー

   3   保存コーナー

   4   未来コーナー

MEMO

MEMO

日本語能力試験　模擬試験　解答用紙

N2
言語知識(文字・語彙・文法)・読解

あなたの なまえを ローマじで かいて ください。

なまえ
Name

じゅけんばんごう
Examinee Registration Number

2　A　1　0　1　0　0　0　1　-　2　0　0　0　1

せいねんがっぴ(Date of Birth)

ねん Year	つき Month	ひ Day

問題 1 — 1, 2, 3, 4, 5
問題 2 — 6, 7, 8, 9, 10
問題 3 — 11, 12, 13, 14, 15
問題 4 — 16, 17, 18, 19
問題 5 — 20, 21, 22, 23, 24
問題 6 — 25, 26, 27
問題 7 — 28, 29, 30, 31, 32
問題 8 — 33, 34, 35, 36, 37, 38, 39
問題 9 — 40, 41, 42, 43, 44
問題 10 — 45, 46, 47, 48, 49
問題 11 — 50, 51, 52, 53, 54, 55, 56, 57, 58, 59
問題 12 — 60, 61, 62, 63, 64, 65, 66, 67, 68
問題 13 — 69, 70
問題 14 — 71, 72, 73, 74, 75

(各問 マーク欄: ① ② ③ ④)

日本語能力試験　模擬試験　解答用紙

N2
聴解

なまえ
Name

あなたの なまえを ローマじで かいて ください。

じゅけんばんごう
Examinee Registration Number

じゅけんばんごうを かいて、その したの マークらんに
マークして ください。
Fill in your examinee registration number in this box, and
then mark the circle for each digit of the number.

2 A 1 0 1 0 0 0 1 - 2 0 0 0 1

じゅけんばんごうを かいて、その したの マークらんに
マークして ください。
Fill in your date of birth in this box, and then mark the
circle for each digit of the number.

せいねんがっぴ(Date of Birth)

ねん Year	つき Month	ひ Day

もんだい 問題 1

	1	2	3	4
1	①	②	③	④
2	①	②	③	④
3	①	②	③	④
4	①	②	③	④
5	①	②	③	④

もんだい 問題 2

	1	2	3	4
1	①	②	③	④
2	①	②	③	④
3	①	②	③	④
4	①	②	③	④
5	①	②	③	④
6	①	②	③	④

もんだい 問題 3

	1	2	3	4
1	①	②	③	④
2	①	②	③	④
3	①	②	③	④
4	①	②	③	④
5	①	②	③	④

もんだい 問題 4

	1	2	3
1	①	②	③
2	①	②	③
3	①	②	③
4	①	②	③
5	①	②	③
6	①	②	③
7	①	②	③
8	①	②	③
9	①	②	③
10	①	②	③
11	①	②	③
12	①	②	③

もんだい 問題 5

		1	2	3	4
1		①	②	③	④
2		①	②	③	④
3	[1]	①	②	③	④
	[2]	①	②	③	④

日本語能力試験　模擬試験　解答用紙

N2
言語知識(文字・語彙・文法)・読解

あなたの なまえを ローマじで かいて ください。

なまえ
Name

問題 1

	①	②	③	④
1	①	②	③	④
2	①	②	③	④
3	①	②	③	④
4	①	②	③	④
5	①	②	③	④

問題 2

6	①	②	③	④
7	①	②	③	④
8	①	②	③	④
9	①	②	③	④
10	①	②	③	④

問題 3

11	①	②	③	④
12	①	②	③	④
13	①	②	③	④
14	①	②	③	④
15	①	②	③	④

問題 4

16	①	②	③	④
17	①	②	③	④
18	①	②	③	④
19	①	②	③	④

問題 5

20	①	②	③	④
21	①	②	③	④
22	①	②	③	④

問題 6

23	①	②	③	④
24	①	②	③	④
25	①	②	③	④
26	①	②	③	④
27	①	②	③	④

問題 7

28	①	②	③	④
29	①	②	③	④
30	①	②	③	④
31	①	②	③	④
32	①	②	③	④

33	①	②	③	④
34	①	②	③	④
35	①	②	③	④
36	①	②	③	④
37	①	②	③	④
38	①	②	③	④
39	①	②	③	④

問題 8

40	①	②	③	④
41	①	②	③	④
42	①	②	③	④
43	①	②	③	④
44	①	②	③	④

問題 9

45	①	②	③	④
46	①	②	③	④
47	①	②	③	④
48	①	②	③	④
49	①	②	③	④

問題 10

50	①	②	③	④
51	①	②	③	④
52	①	②	③	④
53	①	②	③	④
54	①	②	③	④

55	①	②	③	④
56	①	②	③	④
57	①	②	③	④
58	①	②	③	④
59	①	②	③	④

問題 11

60	①	②	③	④
61	①	②	③	④
62	①	②	③	④
63	①	②	③	④
64	①	②	③	④
65	①	②	③	④
66	①	②	③	④
67	①	②	③	④
68	①	②	③	④

問題 12

69	①	②	③	④
70	①	②	③	④

問題 13

71	①	②	③	④
72	①	②	③	④
73	①	②	③	④

問題 14

74	①	②	③	④
75	①	②	③	④

じゅけんばんごう
Examinee Registration Number

2 A 1 0 1 0 0 1 - 2 0 0 0 1

せいねんがっぴ(Date of Birth)

ねん Year		つき Month	ひ Day

じゅけんばんごう
Examinee Registration Number

2	A	1	0	1	0	0	1	-	2	0	0	0	1

せいねんがっぴ(Date of Birth)

ねん Year		つき Month		ひ Day

日本語能力試験 模擬試験 解答用紙

N2
聴解

なまえ
Name

あなたの なまえを ローマじで かいて ください。

もんだい 問題 1

1	①	②	③	④
2	①	②	③	④
3	①	②	③	④
4	①	②	③	④
5	①	②	③	④

もんだい 問題 2

1	①	②	③	④
2	①	②	③	④
3	①	②	③	④
4	①	②	③	④
5	①	②	③	④
6	①	②	③	④

もんだい 問題 3

1	①	②	③	④
2	①	②	③	④
3	①	②	③	④
4	①	②	③	④
5	①	②	③	④

もんだい 問題 4

1	①	②	③
2	①	②	③
3	①	②	③
4	①	②	③
5	①	②	③
6	①	②	③
7	①	②	③
8	①	②	③
9	①	②	③
10	①	②	③
11	①	②	③
12	①	②	③

もんだい 問題 5

1	①	②	③	④
2	①	②	③	④
3	(1)	①	②	③	④
	(2)	①	②	③	④

日本語能力試験 模擬試験 解答用紙

N2

言語知識(文字・語彙・文法)・読解

あなたの なまえを ローマじで かいて ください。

なまえ
Name

じゅけんばんごう Examinee Registration Number

2 A 1 0 1 0 0 0 1 - 2 0 0 0 1

せいねんがっぴ(Date of Birth)

ねん Year	つき Month	ひ Day

問題 1

	①	②	③	④
1	①	②	③	④
2	①	②	③	④
3	①	②	③	④
4	①	②	③	④
5	①	②	③	④

問題 2

6	①	②	③	④
7	①	②	③	④
8	①	②	③	④
9	①	②	③	④
10	①	②	③	④

問題 3

11	①	②	③	④
12	①	②	③	④
13	①	②	③	④
14	①	②	③	④
15	①	②	③	④

問題 4

16	①	②	③	④
17	①	②	③	④
18	①	②	③	④
19	①	②	③	④

問題 5

20	①	②	③	④
21	①	②	③	④
22	①	②	③	④
23	①	②	③	④
24	①	②	③	④
25	①	②	③	④
26	①	②	③	④
27	①	②	③	④

問題 6

28	①	②	③	④
29	①	②	③	④
30	①	②	③	④
31	①	②	③	④
32	①	②	③	④

問題 7

33	①	②	③	④
34	①	②	③	④
35	①	②	③	④
36	①	②	③	④
37	①	②	③	④
38	①	②	③	④
39	①	②	③	④

問題 8

40	①	②	③	④
41	①	②	③	④
42	①	②	③	④
43	①	②	③	④
44	①	②	③	④

問題 9

45	①	②	③	④
46	①	②	③	④
47	①	②	③	④
48	①	②	③	④
49	①	②	③	④

問題 10

50	①	②	③	④
51	①	②	③	④
52	①	②	③	④
53	①	②	③	④
54	①	②	③	④

55	①	②	③	④
56	①	②	③	④
57	①	②	③	④
58	①	②	③	④
59	①	②	③	④

問題 11

60	①	②	③	④
61	①	②	③	④
62	①	②	③	④
63	①	②	③	④
64	①	②	③	④
65	①	②	③	④
66	①	②	③	④
67	①	②	③	④
68	①	②	③	④

問題 12

69	①	②	③	④
70	①	②	③	④

問題 13

71	①	②	③	④
72	①	②	③	④
73	①	②	③	④

問題 14

74	①	②	③	④
75	①	②	③	④

日本語能力試験　模擬試験　解答用紙

N2
聴解

＜ちゅうい Notes＞

1. くろいえんぴつ (HB、No.2) でかいて ください。
   Use a black medium soft (HB or No.2) pencil.
   (ペンやボールペンではかかないでください。)
   (Do not use any kind of pen.)

2. かきなおすときは、けしゴムできれいにけして
   ください。
   Erase any unintended marks completely.

3. きたなくしたり、おったりしないでください。
   Do not soil or bend this sheet.

4. マークれい Marking Examples

よいれい Correct Example	わるいれい Incorrect Examples
●	⊗ ◯ ◑ ◐ ◉

じゅけんばんごうを かいて、その したの マークらんに
マークして ください。
Fill in your examinee registration number in this box, and
then mark the circle for each digit of the number.

じゅけんばんごう
Examinee Registration Number

2	A	1	0	1	0	0	0	1	-	2	0	0	0	1

せいねんがっぴを かいて、その したの マークらんに
マークして ください。
Fill in your date of birth in this box, and then mark the
circle for each digit of the number.

せいねんがっぴ(Date of Birth)

ねん Year			つき Month	ひ Day	

なまえ
Name

あなたの なまえを ローマじで かいて ください。

もんだい 問題 1

1	① ② ③ ④
2	① ② ③ ④
3	① ② ③ ④
4	① ② ③ ④
5	① ② ③ ④

もんだい 問題 2

1	① ② ③ ④
2	① ② ③ ④
3	① ② ③ ④
4	① ② ③ ④
5	① ② ③ ④
6	① ② ③ ④

もんだい 問題 3

1	① ② ③ ④
2	① ② ③ ④
3	① ② ③ ④
4	① ② ③ ④
5	① ② ③ ④

もんだい 問題 4

1	① ② ③
2	① ② ③
3	① ② ③
4	① ② ③
5	① ② ③
6	① ② ③
7	① ② ③
8	① ② ③
9	① ② ③
10	① ② ③
11	① ② ③
12	① ② ③

もんだい 問題 5

1	① ② ③ ④
2	① ② ③ ④
3	[1]	① ② ③ ④
	[2]	① ② ③ ④

あなたの なまえを ローマじで かいて ください。

なまえ
Name

問題 1

	①	②	③	④
1	①	②	③	④
2	①	②	③	④
3	①	②	③	④
4	①	②	③	④
5	①	②	③	④

問題 2

6	①	②	③	④
7	①	②	③	④
8	①	②	③	④
9	①	②	③	④
10	①	②	③	④

問題 3

11	①	②	③	④
12	①	②	③	④
13	①	②	③	④
14	①	②	③	④
15	①	②	③	④

問題 4

16	①	②	③	④
17	①	②	③	④
18	①	②	③	④
19	①	②	③	④

問題 5

20	①	②	③	④
21	①	②	③	④
22	①	②	③	④
23	①	②	③	④
24	①	②	③	④

問題 6

25	①	②	③	④
26	①	②	③	④
27	①	②	③	④
28	①	②	③	④
29	①	②	③	④

問題 7

30	①	②	③	④
31	①	②	③	④
32	①	②	③	④
33	①	②	③	④
34	①	②	③	④
35	①	②	③	④
36	①	②	③	④
37	①	②	③	④
38	①	②	③	④
39	①	②	③	④

40	①	②	③	④
41	①	②	③	④
42	①	②	③	④
43	①	②	③	④
44	①	②	③	④

問題 8

45	①	②	③	④
46	①	②	③	④
47	①	②	③	④
48	①	②	③	④
49	①	②	③	④

問題 9

50	①	②	③	④
51	①	②	③	④
52	①	②	③	④
53	①	②	③	④
54	①	②	③	④

問題 10

55	①	②	③	④
56	①	②	③	④
57	①	②	③	④
58	①	②	③	④
59	①	②	③	④

問題 11

60	①	②	③	④
61	①	②	③	④
62	①	②	③	④
63	①	②	③	④
64	①	②	③	④
65	①	②	③	④
66	①	②	③	④
67	①	②	③	④
68	①	②	③	④

問題 12

69	①	②	③	④
70	①	②	③	④

問題 13

71	①	②	③	④
72	①	②	③	④
73	①	②	③	④

問題 14

74	①	②	③	④
75	①	②	③	④

日本語能力試験　模擬試験　解答用紙

N2
聴解

あなたの　なまえを　ローマじで　かいて　ください。

なまえ
Name

じゅけんばんごう
Examinee Registration Number

じゅけんばんごうを　かいて、その　したの　マークらんに
マークして　ください。
Fill in your examinee registration number in this box, and
then mark the circle for each digit of the number.

2	A	1	0	1	0	0	0	1	-	2	0	0	0	1
⓪	Ⓐ	⓪	⓪	⓪	⓪	⓪	⓪	⓪		⓪	⓪	⓪	⓪	⓪
①		①	①	①	①	①	①	①		①	①	①	①	①
②	Ⓑ	②	②	②	②	②	②	②		②	②	②	②	②
③		③	③	③	③	③	③	③		③	③	③	③	③
④		④	④	④	④	④	④	④		④	④	④	④	④
⑤		⑤	⑤	⑤	⑤	⑤	⑤	⑤		⑤	⑤	⑤	⑤	⑤
⑥		⑥	⑥	⑥	⑥	⑥	⑥	⑥		⑥	⑥	⑥	⑥	⑥
⑦		⑦	⑦	⑦	⑦	⑦	⑦	⑦		⑦	⑦	⑦	⑦	⑦
⑧		⑧	⑧	⑧	⑧	⑧	⑧	⑧		⑧	⑧	⑧	⑧	⑧
⑨		⑨	⑨	⑨	⑨	⑨	⑨	⑨		⑨	⑨	⑨	⑨	⑨

せいねんがっぴ(Date of Birth)

せいねんがっぴを　かいて、その　したの　マークらんに
マークして　ください。
Fill in your date of birth in this box, and then mark the
circle for each digit of the number.

ねん Year				つき Month		ひ Day	
⓪	⓪	⓪	⓪	⓪	⓪	⓪	⓪
①	①	①	①	①	①	①	①
②	②	②	②	②	②	②	②
③	③	③	③	③	③	③	③
④	④	④	④	④	④	④	④
⑤	⑤	⑤	⑤	⑤	⑤	⑤	⑤
⑥	⑥	⑥	⑥	⑥	⑥	⑥	⑥
⑦	⑦	⑦	⑦	⑦	⑦	⑦	⑦
⑧	⑧	⑧	⑧	⑧	⑧	⑧	⑧
⑨	⑨	⑨	⑨	⑨	⑨	⑨	⑨

問題 1

例	①	②	③	④
1	①	②	③	④
2	①	②	③	④
3	①	②	③	④
4	①	②	③	④
5	①	②	③	④

問題 2

例	①	②	③	④
1	①	②	③	④
2	①	②	③	④
3	①	②	③	④
4	①	②	③	④
5	①	②	③	④
6	①	②	③	④

問題 3

例	①	②	③	④
1	①	②	③	④
2	①	②	③	④
3	①	②	③	④
4	①	②	③	④
5	①	②	③	④

問題 4

例	①	②	③
1	①	②	③
2	①	②	③
3	①	②	③
4	①	②	③
5	①	②	③
6	①	②	③
7	①	②	③
8	①	②	③
9	①	②	③
10	①	②	③
11	①	②	③
12	①	②	③

問題 5

1	①	②	③	④
2	①	②	③	④
3 (1)	①	②	③	④
3 (2)	①	②	③	④

日本語能力試験　模擬試験　解答用紙

N2
言語知識(文字・語彙・文法)・読解

あなたの　なまえを　ローマじで　かいて　ください。

なまえ
Name

問題 1

1	①	②	③	④
2	①	②	③	④
3	①	②	③	④
4	①	②	③	④
5	①	②	③	④

問題 2

6	①	②	③	④
7	①	②	③	④
8	①	②	③	④
9	①	②	③	④
10	①	②	③	④

問題 3

11	①	②	③	④
12	①	②	③	④
13	①	②	③	④
14	①	②	③	④
15	①	②	③	④

問題 4

16	①	②	③	④
17	①	②	③	④
18	①	②	③	④
19	①	②	③	④

問題 5

20	①	②	③	④
21	①	②	③	④
22	①	②	③	④
23	①	②	③	④
24	①	②	③	④
25	①	②	③	④
26	①	②	③	④
27	①	②	③	④

問題 6

28	①	②	③	④
29	①	②	③	④
30	①	②	③	④
31	①	②	③	④
32	①	②	③	④

問題 7

33	①	②	③	④
34	①	②	③	④
35	①	②	③	④
36	①	②	③	④
37	①	②	③	④
38	①	②	③	④
39	①	②	③	④

問題 8

40	①	②	③	④
41	①	②	③	④
42	①	②	③	④
43	①	②	③	④
44	①	②	③	④

問題 9

45	①	②	③	④
46	①	②	③	④
47	①	②	③	④
48	①	②	③	④
49	①	②	③	④

問題 10

50	①	②	③	④
51	①	②	③	④
52	①	②	③	④
53	①	②	③	④
54	①	②	③	④
55	①	②	③	④
56	①	②	③	④
57	①	②	③	④
58	①	②	③	④
59	①	②	③	④

問題 11

60	①	②	③	④
61	①	②	③	④
62	①	②	③	④
63	①	②	③	④
64	①	②	③	④
65	①	②	③	④
66	①	②	③	④
67	①	②	③	④
68	①	②	③	④

問題 12

69	①	②	③	④
70	①	②	③	④

問題 13

71	①	②	③	④
72	①	②	③	④
73	①	②	③	④

問題 14

74	①	②	③	④
75	①	②	③	④

じゅけんばんごうを　かいて、その　したの　マークらんに
マークして　ください。
Fill in your examinee registration number in this box, and
then mark the circle for each digit of the number.

じゅけんばんごう
Examinee Registration Number

2	A	1	0	1	0	0	0	1	-	2	0	0	0	1

せいねんがっぴを　かいて、その　したの　マークらんに
マークして　ください。
Fill in your date of birth in this box, and then mark the
circle for each digit of the number.

せいねんがっぴ(Date of Birth)

ねん Year		つき Month		ひ Day	

日本語能力試験　模擬試験　解答用紙

N2 聴解

問題 1

1	①	②	③	④
2	①	②	③	④
3	①	②	③	④
4	①	②	③	④
5	①	②	③	④

問題 2

1	①	②	③	④
2	①	②	③	④
3	①	②	③	④
4	①	②	③	④
5	①	②	③	④
6	①	②	③	④

問題 3

1	①	②	③	④
2	①	②	③	④
3	①	②	③	④
4	①	②	③	④
5	①	②	③	④

問題 4

1	①	②	③
2	①	②	③
3	①	②	③
4	①	②	③
5	①	②	③
6	①	②	③
7	①	②	③
8	①	②	③
9	①	②	③
10	①	②	③
11	①	②	③
12	①	②	③

問題 5

1	①	②	③	④
2	①	②	③	④
3	(1)	①	②	③	④
	(2)	①	②	③	④

JLPT
적중 모의고사 5회분 N2

초판 발행	2012년 5월 10일
개정판 인쇄	2024년 9월 10일
개정판 발행	2024년 9월 25일

저자	JLPT 연구모임
편집	김성은, 조은형, 오은정, 무라야마 토시오
펴낸이	엄태상
디자인	이건화
조판	이서영
콘텐츠 제작	김선웅, 장형진
마케팅	이승욱, 왕성석, 노원준, 조성민, 이선민
경영기획	조성근, 최성훈, 김다미, 최수진, 오희연
물류	정종진, 윤덕현, 신승진, 구윤주

펴낸곳	시사일본어사(시사북스)
주소	서울시 종로구 자하문로 300 시사빌딩
주문 및 교재 문의	1588-1582
팩스	0502-989-9592
홈페이지	www.sisabooks.com
이메일	book_japanese@sisadream.com
등록일자	1977년 12월 24일
등록번호	제 300-2014-92호

ISBN 978-89-402-9426-0 (13730)